Download zu diesem Buch:

⬇ https://www.bloxera.com/erp-buch

Folgen Sie uns auf Twitter:

🐦 @bloxera

Schreiben Sie uns eine E-Mail:

 erp@bloxera.com

Report 2022/2023:

OPEN SOURCE ERP-SYSTEME

Marktüberblick und Entscheidungshilfe für die Auswahl

1. Auflage Mai 2022

Herausgeber: Bloxera GmbH, August-Bebel-Str. 27, 14482 Potsdam

Druck: Amazon Media EU S.à r.l., 5 Rue Plaetis, L-2338, Luxembourg

Einbandfoto: Pixabay/Goumbic

ISBN: 979-8-81585-052-1

Bibliografische Information der Deutschen Nationalbibliothek: Die Deutsche Nationalbibliothek verzeichnet diese Publikation in der Deutschen Nationalbibliografie; detaillierte bibliografische Daten sind im Internet über http://dnb.d-nb.de abrufbar.

Inhalt

Verzeichnis der Tabellen

Vorwort

Vor einiger Zeit standen wir als Bloxera GmbH vor der Herausforderung, unsere Geschäftsprozesse zu automatisieren. Aufgrund der Anforderungen war schnell klar, dass es eine Lösung sein sollte, bei der wir selbst einige Funktionen an unsere Bedürfnisse anpassen können und die auch in Zukunft mitwachsen kann. Es bot sich daher an, bei der Auswahl auch Open Source-Lösungen zu berücksichtigen.

Dadurch ergab sich eine Schwierigkeit: Im Bereich der Unternehmenssoftware existieren zwar viele Open Source Projekte, aber es erwies sich als problematisch, einen Gesamtüberblick zu bekommen, bei dem wir davon ausgehen konnten, tatsächlich alle relevanten Lösungen in die Auswahl einbezogen zu haben.

Bei der Internetrecherche unter dem Stichwort „ERP-System" stößt man schnell auf einige SEO-optimierte Webseiten, die schlagwortartige Listen an echten und vermeintlichen Open Source ERP-Systemen beinhalten. Doch viele Informationen sind oberflächlich und meist fehlen relevante Systeme in der Aufstellung. Das Interesse dieser Seiten liegt eher auf der Generierung von Klicks als auf einem tatsächlich umfassenden Marktüberblick.

Die wenigen erhältlichen gedruckten Publikationen sind mehrere Jahre alt. Und auch in diversen Fachzeitschriften werden schon seit Jahren keine Vergleiche von aktuellen Open Source ERP-Systemen mehr durchgeführt.

Allerdings hat uns ein erster Blick auf einige der Projekte gezeigt, dass erhebliches Potential in diesen Lösungen steckt. Dies hat uns motiviert, selbst umfangreich zu recherchieren, um alle relevanten Open Source ERP-Systeme zu erfassen und in unsere Lösungssuche einzubeziehen.

Nach einem intensiven Auswahlprozess haben wir uns schließlich für den Einsatz von Dolibarr ERP/CRM entschieden. Unsere Erfahrungen waren so positiv, dass wir uns inzwischen aktiv in der Community engagieren, um die Entwicklung weiter voranzutreiben.

Dass Dolibarr für uns das am besten geeignete System ist, bedeutet aber nicht automatisch, dass dies auch für jeden anderen Anwender der Fall ist. Je nach Anforderungen wird die Wahl auch auf andere ERP-Systeme fallen. Um anderen Interessenten die Suche nach der für sie richtigen Lösung zu erleichtern, haben wir uns entschlossen, unsere Datenbasis auf den aktuellen Stand zu bringen und im Rahmen dieses Reports zu veröffentlichen.

Wir haben alle Daten mit großer Sorgfalt zusammengestellt, vereinzelte Fehler können aber naturgemäß nicht ausgeschlossen werden. Die beschriebenen Projekte entwickeln sich zudem laufend weiter. Eine Haftung für die Eignung der ERP-Systeme für einen individuell vorliegenden Anwendungsfall können wir daher nicht übernehmen.

Sollten Sie Verbesserungsvorschläge haben, freuen wir uns über Ihre Anregungen. Schreiben Sie uns gerne eine E-Mail an *erp@bloxera.com*. Und wenn der Inhalt dieses Reports für Sie nützlich ist, freuen wir uns natürlich über eine positive Bewertung auf Amazon, um ihn auch langfristig weiterführen zu können.

Joachim Küter

Geschäftsführer Bloxera GmbH

1 Software für Unternehmen als Open Source ERP-Lösung

Open Source ist aus vielen Einsatzbereichen nicht mehr wegzudenken. Auch im Bereich der Unternehmenssoftware existieren zahlreiche Projekte, die schon über viele Jahre hinweg Lösungen entwickeln und kontinuierlich verbessern.

Für die hier betrachteten Lösungen wird meist die Abkürzung ERP (Enterprise Resource Planning) verwendet. Traditionell wurden unter diesem Begriff Softwarelösungen für das Management von Unternehmensabläufen beschrieben, die fachlich von der Angebotserstellung über Aufträge und Rechnungen bis hin zu Lieferungen, Produktionsabläufen und Warenlagern reichen. Inzwischen finden sich in manchen Open Source Projekten Funktionen, die weit über diese klassische Bedeutung von ERP hinausgehen und die den Nutzer in vielfältiger Weise unterstützen.

Nachdem ERP-Systeme ursprünglich vor allem in größeren Unternehmen zum Einsatz gekommen sind, profitieren heute insbesondere kleine und mittlere Unternehmen, aber auch Freiberufler und Vereine davon, dass sie ihre Verwaltungsarbeiten und Geschäftsprozesse viel einfacher abwickeln können als dies ohne solche Systeme der Fall war. Und das völlig ohne Lizenzkosten und je nach Projekt mit sehr einfacher Handhabung.

1.1   Struktur dieses Reports

In diesem Kapitel gehen wir näher auf die Vorteile von Open Source Lösungen ein und geben einen Überblick über die in den weiteren Kapiteln näher betrachteten und im Detail analysierten Systeme.

In Kapitel 2 stellen wir jedes der Systeme in knapper Form dar. Neben einer Einordnung der Lösung sind auch Screenshots und Ausdrucke abgebildet, um sich einen Überblick zu verschaffen.

Die folgenden Kapitel widmen sich einer detaillierten Aufschlüsselung der Projekte nach unterschiedlichen Kriterien, deren Ergebnisse jeweils im Vergleich tabellarisch dargestellt werden. Es hat sich gezeigt, dass ein reiner Blick auf die Funktionen der Lösungen nicht ausreichend ist, um eine Entscheidung treffen zu können. Die folgenden drei Kapitel analysieren die Projekte daher nach unterschiedlichen Kategorien von Fragestellungen.

In Kapitel 3 wird die Organisation und Ausrichtung der Projekte einschließlich der zugehörigen Open Source Community analysiert.

Kapitel 4 widmet sich der Analyse der Funktionsumfänge der verschiedenen Lösungen, wobei neben den klassischen Anwendungen eines ERP-Systems auch darüberhinausgehende Funktionen vorgestellt werden.

Die technischen Eigenschaften der Systeme werden in Kapitel 5 vorgestellt, wo sowohl auf das Backend als auch auf das Frontend eingegangen wird.

Abschließend finden sich in Kapitel 6 Hinweise, die angesichts der Menge an vorliegenden Informationen bei der Auswahl des individuell am besten geeigneten Systems helfen.

1.2   Besondere Vorteile von Open Source Lösungen

Oft stehen bei der Entscheidung für oder gegen freie Open Source-Software zunächst die Lizenzkosten der Lösung im Vordergrund. Im Gegensatz zu kommerziellen Varianten sind diese auch sehr langfristig sicher planbar: Es fallen keine an.

Es gibt aber bei der Nutzung von Open Source einen viel größeren Vorteil, der oft übersehen wird: Dadurch, dass bei Open Source-Projekten die Nutzer direkt an der Weiterentwicklung beteiligt sind, besteht die Chance, dass diese Lösungen flexibler und innovativer sind als bei kommerziellen Varianten. Eine vielfältige, für jeden Interessierten offene Community bringt oft mehr Tatkraft und kreative Einfälle hervor als die nach außen abgeschottete Entwicklermannschaft eines Unternehmens.

Auch hinsichtlich möglicher Modifikationen gibt es durch den Zugriff auf den vollständigen Source Code eine Flexibilität, die bei vielen kommerziellen Systemen nicht gegeben ist. Es ist auf Basis der Open Source Lizenzen sichergestellt, dass eine individuelle Anpassung möglich ist.

Geht man davon aus, dass die Geschäftsprozesse das Rückgrat jedes Unternehmens bilden, wird klar, dass in der heutigen Zeit Innovationen gerade in diesem Bereich von entscheidender Bedeutung sind. Umso wichtiger ist ein ERP-System, das hierbei unterstützt und neue Möglichkeiten eröffnet, anstatt ständig viel zu enge Grenzen zu setzen.

Um nur einige Beispiele für solche Funktionen zu nennen: Die Möglichkeit, Rechnungen einfach online bezahlen, indem ein Link auf ein Zahlungsportal führt. Oder die Realisierung eines Support-Ticket-Systems für den systematischen Umgang mit Kundenanfragen. Oder Funktionen für das Management von Projekten, angefangen mit einer abrechenbaren Zeiterfassung bis zu Funktionen für spezielle Themen, wie das Management von Veranstaltungen. Diese Beispiele sind nur ein kleiner Ausschnitt der Funktionen, die manche Open Source ERP-Systeme „Out-of-the-Box", also bereits als Teil der Standard-Installation mitbringen.

Dabei ist es nicht einmal erforderlich, eigene tiefe IT-Kompetenz aufzubauen. Für viele Produkte gibt es Betreiber von SaaS-Plattformen, über die eine einfache Buchung der Lösung ohne Installations- und Wartungsaufwand möglich ist. Bei komplexeren Installationen mit individuellen Konfigurationen und Anpassungen stehen je nach Projekt zahlreiche IT-Dienstleister zur Verfügung, die mit dem System vertraut sind. Man bleibt also auch beim Einsatz von Open Source nicht ohne Unterstützung.

1.3   Auswahl des richtigen Systems

Die Entscheidung für ein ERP-System, unabhängig davon, ob es sich um eine kommerzielle Closed Source-Lösung oder ein freies Open Source-Projekt handelt, hat langfristige Wirkung und hohe strategischer Relevanz für das Unternehmen.

Kommerzielle Lösungen zeichnen sich dadurch aus, dass Vertriebsmannschaften sehr deutlich die vermeintlichen Stärken ihrer Produkte hervorheben. Bei vielen Open Source-Projekten gibt es keine solche Vertriebsmannschaft, so dass man sich selbst einen Überblick verschaffen muss. Das ist weitaus weniger bequem, kann aber zu einer Lösung führen, die sowohl besser geeignet als auch kostengünstiger ist als die Empfehlung eines Verkäufers.

Die Herausforderung besteht darin, alle in Frage kommenden Projekte zu identifizieren und anschließend sinnvoll miteinander zu vergleichen. Es gibt kein zentrales Verzeichnis der bestehenden Lösungen und etwaige Vergleiche im Internet sind lückenhaft und meist oberflächlich.

Dieser Report hilft Ihnen, sich einen breiten Überblick zu verschaffen, um die für Sie am besten geeignete Lösung zu finden. Anhand verschiedener Kriterien werden die grundlegenden Eigenschaften der Lösungen beschrieben und einander gegenübergestellt.

Welches System am Ende das Beste ist, hängt insbesondere von Ihren eigenen Anforderungen und Ansprüchen an die Lösung ab. Die Stärken und Schwächen der verschiedenen Lösungen sind oft ganz unterschiedlich.

Da es sich bei allen vorgestellten Lösungen um freie Open Source Software handelt, ist es kein Problem, die Lösungen vorab unverbindlich zu prüfen und sich einen genauen Überblick zu verschaffen.

1.4 Kriterien für die Auswahl der betrachteten Open Source ERP-Systeme

Der Begriff Open Source kann frei verwendet werden und ist nicht klar definiert. Da die Vorteile von freien Open Source ERP-Systemen, wie beschrieben, im hohen Maße von der beteiligten Community abhängen, wurden in diesem Report nur Lösungen berücksichtigt, die den folgenden Kriterien entsprechen:

1. der Source Code kann frei heruntergeladen werden und unterliegt einer anerkannten Open Source Lizenz, die die kommerzielle Nutzung, Veränderung und Weitergabe zulässt

2. sowohl Anwenderdokumentation als auch technische Dokumentation sind vorhanden und frei zugänglich

3. das Projekt wird aktiv und unter Beteiligung der Open Source Community weiterentwickelt

4. Benutzerschnittstelle und Dokumentation sind auf Englisch oder Deutsch verfügbar und die Community tauscht sich in einer dieser Sprachen aus

Bei allen Lösungen, die diesen Kriterien entsprechen, sind Einblicke in die Funktionsweise vollumfänglich für jeden Interessierten möglich. Alle Nutzer können sich gemeinsam als Open Source Community an der Weiterentwicklung beteiligen. Anpassungen an die eigenen Bedürfnisse des Nutzers durch ihn selbst oder durch frei gewählte Dienstleister sind explizit zulässig.

1.5 Überblick der betrachteten Open Source ERP-Systeme

In der folgenden Tabelle 1 sind die in diesem Report näher betrachteten Projekte zusammenfassend dargestellt. Die aufgeführten Eckdaten dienen einer ersten groben Orientierung. Den Tabellenspalten können die folgenden Informationen entnommen werden:

Das Land, in dem ein Projekt **initiiert** wurde, kann Hinweise darauf geben, inwieweit lokale Besonderheiten berücksichtigt werden. Viele Projekte haben sich unabhängig davon, wo ihre Gründung erfolgte, im Laufe der Jahre aber auf internationale Anforderungen ausgerichtet, so dass vielfältige Anforderungen aus unterschiedlichen Ländern Berücksichtigung finden.

Aus dem **Beginn des Projekts** lässt sich ablesen, dass viele Entwicklungen bereits über einen langen Zeitraum erfolgen, was als Indiz für eine gewisse Reife der Lösungen gewertet werden kann.

Der **Claim** gibt eine knappe und subjektive Selbstdarstellung der Projekte wieder und bietet einen Einblick in das Selbstverständnis der jeweiligen Lösung.

Auf der **Homepage** der Projekte lassen sich weitere ausführliche Informationen zu der jeweiligen ERP-Lösung finden. Bei für die Auswahl besonders relevanten Aspekten sollte der aktuelle Entwicklungsstand direkt auf der Projekt-Homepage recherchiert werden.

Für die eigene Entscheidungsfindung ist außerdem das Vorhandensein einer **online zugänglichen live Demo** sehr hilfreich, da sowohl die grundsätzliche Bedienbarkeit als auch die Erfüllung individueller Bedürfnisse einfach überprüft werden können. Es entfällt nicht nur der Aufwand für das Aufsetzen einer Testinstallation sondern die Demo-Projekte sind auch mit sinnvollen Parametern konfiguriert und es befinden sich bereits Testdaten im System, die ansonsten manuell erzeugt werden müssten.

Die farbigen Unterlegungen in dieser Spalte weisen auf folgende Besonderheiten bezüglich der live Demo hin:

- bei BlueSeer handelt es sich um eine reine Desktop-Applikation, eine Online-Demo ist daher nicht verfügbar –das Programm lässt sich aber einfach installieren, so dass eine Erprobung trotzdem unaufwändig möglich ist

- bei ERP5 führen die Links zu Demo-Instanzen ins Leere, eine nutzbare Demo-Anwendung ist daher zumindest derzeit nicht verfügbar

- sowohl Flectra als auch Odoo bieten eine Online Demo an – sie umfasst aber auch Funktionen, die nur in einer kostenpflichtigen Professional- bzw. Enterprise-Edition enthalten sind, was bei einem Test unbedingt zu berücksichtigen ist

- bei ERPNext, Flectra und Metasfresh muss für einen Online-Test ein Account angelegt werden, der jeweils 14 Tage (ERPNext, Flectra) bzw. 7 Tage (Metasfresh) nutzbar ist; das Anlegen des Accounts erfordert eine E-Mail-Adresse, das Testsystem ist umgehend nutzbar

ERP System	Initiiert in	Beginn des Projekts	Claim (Selbstdarstellung)	Homepage	Online Live Demo
ADempiere	inter-national	2006	The best professional Open Source ERP	adempiere.com	http://testadempiere.com/adempiere/
Apache OFBiz	USA	2001	Flexible enough to be used across any industry	ofbiz.apache.org	https://ofbiz.apache.org/ofbiz-demos.html
Axelor	Frankreich	2014	Low-Code Platform for Business Apps	axelor.com	https://demo.axelor.com/open-suite-en/login.jsp
BlueSeer	USA	2005	A Free ERP for Manufacturing and Small Business	www.blueseer.com	nicht verfügbar
Dolibarr	Frankreich	2002	One web suite to manage all of your business	www.dolibarr.org	https://demo.dolibarr.org/public/demo/
ERP5	Frankreich	2002	Most Powerful Open Source ERP	www.erp5.com	https://www.erp5.com/demo/try
ERPNext	Indien	2008	The most agile ERP on the planet	erpnext.com	https://frappecloud.com/signup
Flectra	Indien, Schweiz	2017	The Open Source ERP and CRM System For Your Business	flectrahq.com	https://flectrahq.com/demo
FrontAccounting	inter-national	2005	FrontAccounting is a simple, but powerful, system for the entire ERP chain	frontaccounting.com	https://frontaccounting.com/wbt/pages/home/demo.php
iDempiere	inter-national	2011	Community Powered Enterprise	www.idempiere.org	https://www.idempiere.org/test-sites/
kivitendo	Deutsch-land	2013	Frische Vitamine fürs Büro	www.kivitendo.de	https://www.kivitendo.de/kivi/
LedgerSMB	inter-national	2006	The foundation for your business	ledgersmb.org	https://ledgersmb.org/content/demo
metasfresh	Deutsch-land	2015	We do Open Source ERP	metasfresh.com	https://metasfresh.com/nextgen/#Start
Nuclos	Deutsch-land	2003	Build your own ERP	www.nuclos.de	https://www.nuclos.de/beispielinstanzen/
Odoo Community Edition	Belgien	2005	The Open Source edition of Odoo	www.odoo.com/page/community	https://odoo2u.com/odoo-demo
Tryton	Belgien	2008	Modularity, scalability & security for your business	www.tryton.org	https://www.tryton.org/download

Tabelle 1 – Überblick der betrachteten Systeme

1.6 Nicht berücksichtigte ERP-Lösungen

Bei der Suche nach Open Source ERP-Systemen fanden sich Projekte, die bei weiterer Betrachtung den zuvor aufgeführten Auswahlkriterien aus unterschiedlichen Gründen nicht entsprechen. Der Vollständigkeit halber sind diese Lösungen hier in aufgeführt, ergänzt um eine knappe Begründung, warum sie für die weitere Betrachtung nicht in Frage kommen.

ERP System	Erläuterung
Adaxa Suite	basierend auf ADempiere, ohne sichtbare Open Source Community
Compiere	eingeschränkte Community Edition von 2009, Dokumentation kostenpflichtig
ComUnion ERP	jüngste Version zum Download von Sourcefoge aus 2008
conceptERP	Source Code einer Basisvariante erhältlich, es gibt aber keine sichtbare Open Source Community
EasyERP	nicht mehr aktiv, letzter GitHub-Commit von 2018
Helium5	letzter Source Code Commit auf GitHub von 2015
InoERP	letzter Source Code Commit von 2018
IntarS	bis 2015 GPL-lizenziert, danach Wechsel auf eine proprietäre Lizenz, die die kommerzielle Nutzung kostenpflichtig macht
Jfire	2009 übernommen von VIENNA Advantage
Lx-Office	Umbenennung, Weiterentwicklung unter dem neuen Namen kivitendo
MixERP	letzter Source Code Commit von 2017
OpenAccounting.io	letzter Source Code Commit im Jan 2021, keine neuen Issues seit 2020
OpenBravo	ursprünglich quelloffene Lösung, die 2020 zu Closed Source wurde

ERP System	Erläuterung
OpenConcerto	rein französischsprachiges Projekt ohne englische oder deutsche Dokumentation
OpenERP	Umbenennung, Weiterentwicklung unter dem neuen Namen odoo
Opentaps	letzter Source Code Commit von 2019
OpenZ	ohne sichtbare Entwickler-Community, Community-Edition kann nicht auf neue Versionen upgedatet werden, Source Code nur mit Enterprise-Lizenz erhältlich
Rockstar ERP	ohne sichtbare Open Source Community
SQL Ledger	kein Source Code Repository mit Community-Beteiligung, Dokumentation nicht frei zugänglich
TinyERP	2008 umbenannt in OpenERP, das später in odoo umbenannt wurde
Tricoma	nicht lizenzkostenfrei, ohne sichtbare Open Source-Community, Source Code nur nach Kauf erhältlich und einsehbar
VIENNA Advantage	ohne sichtbare Open Source Community, Dokumentation nicht frei zugänglich
WaWision	Umbenennung, Weiterentwicklung unter dem neuen Namen Xentral
WebERP	nicht mehr aktiv, aufgegangen in FrontAccounting
WebVellaERP	eher Toolbox als System, noch nicht im Beta-Status (aber 2015 gestartet)
W&G Effective Company	ohne sichtbare Open Source Community
Xentral	ehem. WaWision, ohne sichtbare Open Source Community, letzter Commit auf GitHub aus März 2021
xTuple	die lizenzkostenfreie Open Core Variante wurde 2019 eingestellt

Tabelle 2 – Nicht berücksichtigte ERP-Lösungen

2 Projektinformationen, Screenshots und Ausdrucke

In diesem Kapitel werden die im weiteren Verlauf detailliert analysierten Open Source ERP-Systeme im Überblick dargestellt. Neben Informationen zum Hintergrund des jeweiligen Systems sind diverse Screenshots wiedergegeben, um einen ersten Eindruck vom jeweiligen System zu vermitteln. Die Bandbreite ist groß und reicht von sehr modern wirkenden Benutzeroberflächen bis zu Designs, die Erinnerungen an frühere Zeiten des Internet wecken.

In der Regel ist zunächst der **Eingangsbildschirm** wiedergegeben, wie er nach dem Start der Applikation angezeigt wird. Während einige Projekte nur ein Menü anzeigen, geben andere an dieser prominenten Stelle einen Überblick über die Eckdaten der laufenden Geschäftsprozesse, z.B. die Anzahl an Angeboten, unbezahlten Rechnungen etc.

Ein zweiter Screenshot vermittelt einen Eindruck von einem **Erfassungsformular**, meist für ein Kundenangebot. Gerade an diesem Beispiel werden die Unterschiede in den Gestaltungen der Seiteninhalte schnell deutlich.

Ein **Ausdruck eines Angebots oder einer Rechnung** zeigt eine typische Formulargestaltung. In der Regel sind diese individuell anpassbar. Aber ein System, das von vornherein alle Pflichtangaben in den Geschäftsdokumenten aufführt und auch ein ansprechendes Design mitbringt, bietet einiges an Zeitersparnis bei der Anpassung an die eigenen Bedürfnisse. Grundsätzlich lohnt sich an dieser Stelle etwas Kompromissbereitschaft beim Layout, da eine exakte Anpassung z.B. an ein bisher verwendetes Design ggf. bei einer großen Anzahl unterschiedlicher Formulare durchzuführen wäre.

Als letzter Punkt wurde betrachtet, ob sich die meist web-basierten Systeme auch mit einem **Smartphone** bedienen lassen. Dies ist nicht unbedingt der typische Anwendungsfall, kann aber z.B. für Außendienstmitarbeiter interessant sein. Es gibt große Unterschiede zwischen den Projekten, und nicht alle sind mit diesen Geräten benutzbar. Eine tabellarische Gesamtübersicht dieses Aspekts findet sich auch bei der späteren Analyse im Abschnitt 5.2 Frontend. Für die Screenshots wurde die Auflösung des Google Pixel 5 als Vertreter aktueller Smartphones verwendet.

Für die Zusammenstellung der Informationen dieses Kapitels wurden in der Regel die online verfügbaren Live-Demos genutzt. In einzelnen Fällen wiesen diese Fehlfunktionen auf, z.B. bei der Erstellung von Ausdrucken. In diesem Fall findet sich ein entsprechender Hinweis.

2.1 ADempiere

Das Projekt ADempiere ist 2006 als Abspaltung vom ERP-Projekt Compiere, einem der Ur-väter der Open Source ERP-Systeme, entstanden. Ursächlich waren Unstimmigkeiten der Entwickler-Community zu Open Source Fragen mit einem Unternehmen, das als Sponsor hinter Compiere stand.[1]

Im weiteren Verlauf entstanden auch innerhalb des ADempiere-Projektes Unstimmigkeiten zwischen der Entwickler-Community und einem der beteiligten Unternehmen.[2] Dies führte im Jahr 2012 dazu, dass sich das Projektes iDempiere (siehe Abschnitt 2.10) von ADempiere abgespalten hat und auf der Adempiere-Website veröffentlich wurde, dass die bisherige Lösung zukünftig als iDempiere weiterentwickelt wird.[3] Parallel dazu entwickelte sich das Projekt metasfresh (siehe Abschnitt 2.13) als weitere Abspaltung aus den ADempiere-Aktivi-täten.

Bis heute wird ADempiere zwar weiterhin in gewissem Umfang gepflegt. Aufgrund der be-schriebenen Konstellation erscheinen die Zukunftsaussichten aber eingeschränkt, so dass dieses Projekt für neue Installationen eher nicht die erste Wahl sein wird.

---

1 https://en.wikipedia.org/wiki/Adempiere

2 http://www.adempiere.com/ADeV_removal_of_credit_history

3 http://www.adempiere.com/ADempiere_ERP

Auf dem Startbildschirm werden hilfreiche Statusinformationen graphisch angezeigt:

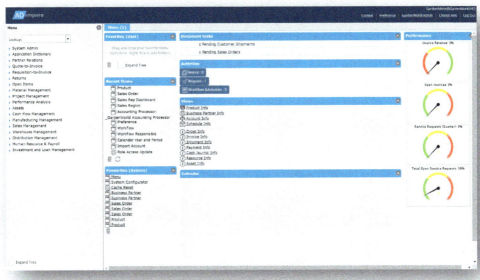

Auszufüllende Formulare erscheinen übersichtlich. Es gibt aber neben der linken Hauptmenüleiste weitere Menüpunkte am oberen Bildschirmrand sowie oben und am linken Rand des Eingabereiches zusätzliche Reiter/Tabs, wodurch die Bedienung etwas komplex wird.

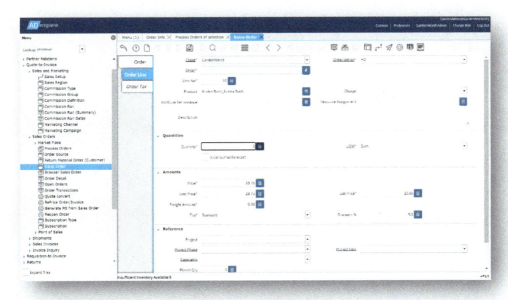

Die Formatvorlage für Rechnungen erscheint aufgeräumt und übersichtlich.

2828 SW Corbett Ave
Suite 130
Portland, OR 97201

C&W Construction
Unlimited Projects Corp.
100 Elm St
Stamford, CT 03323

Sales Order : 80002 - 2019-04-01 00:00:00
Customer No   : C&W
Reference No   : BP Ref No 123
Order Reference   : Phone Order
Sales Consultant   : GardenAdmin BP

Invoice 200002 - 04/01/2019

Text is printed in the language of the business partner (if not entered in English like this). This is also a text,
which will be printed in block format on two lines on the documents.

Qty	UoM	Description	List Price	Discount %	Unit Price	Line Net
1	h	Planting Service Have a water hose avaiable	45.00	5	42.75	42.75
1	Ea	Plum Tree	50.00	5	47.50	47.50
1	Ea	Oak Tree If possible Canadian Oak Oak Trees may grow quite a bit.	65.00	5	61.75	61.75
		CT Sales			152.00	9.12
Sum						**161.12**

USD 161.12 Immediate

Document Type Note for general and promotional text.

Eine Bedienung mit dem Smartphone ist nicht möglich, da der dargestellte Text winzig ist und die Eingabefelder zum Teil abgeschnitten werden.

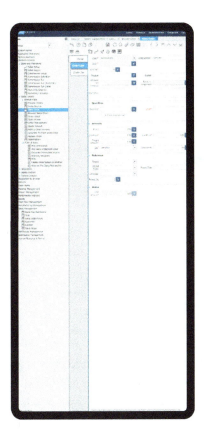

2.2 Apache OFBiz

Das ERP-Projekt Apache OFBiz hat seinen Ursprung im Jahr 2001. Es befindet sich seit 2006 unter dem Dach der renommierten Apache Foundation.

Apache OFBiz bietet die klassischen Funktionen eines ERP-Systems rund um Kunden, Liefe-ranten und Produkte. Es zeichnet sich zudem dadurch aus, dass ein integrierter eCommer-ce-Webstore enthalten ist, so dass das System grundsätzlich gut für den Online-Handel ge-eignet ist. Ob die Optik des Webstores modernen Ansprüchen genügt, sollte im Einzelfall geprüft werden.

Die Benutzerführung ist aufgrund vieler Menüpunkte manchmal komplex und die Benutzer-schnittstelle lässt sich nur auf großen Displays, nicht aber auf einem Smartphone bedienen. Die Druckvorlagen bedürfen vor dem Einsatz einer individuellen Überarbeitung.

Es gibt eine kleine deutsche Community rund um einen Service Provider und auch eine deutsche Übersetzung der GUI ist verfügbar, diese ist aber nicht vollständig.

Beim Start der Applikation wird unmittelbar der Bereich Bestellung aktiviert. Der obere Teil des Bildschirms ist geprägt von drei Reihen mit Menüeinträgen.

Beim Erstellen eines Angebots erscheinen oberhalb der Eingabefelder insgesamt sogar fünf Zeilen mit Menüpunkten.

Beim Layout zeigen sich Textüberlagerungen (siehe Angebotsbezeichnung), wohl weil hier die deutsche Übersetzung verwendet wird und einige Begriffe länger sind als im englischen Original. Eine Anpassung und Kontrolle aller Vorlagen erscheint unumgänglich.

Your Company Name Here
2003 Open Blvd
Open City, CA 999999
Vereinigte Staaten von Amerika
Steuer ID: 12-3456789
E-Mail: ofbiztest@example.com

Angebotstyp   Produkt
Datum des Angebots 2001-01-01 00:00:00.0
Angebots-ID   CQ0001
Status   Erstellt

Adresse:
Demo Customer
2004 Factory Blvd
Orem, UT 84057
Vereinigte Staaten von Amerika

Angebotsbezeichnung: Demo Quote
Beschreibung:
Währung: Dollar Amerika
Gültig Von Datum: 2001-01-01 00:00:00.0
Gültig Bis Datum: 2100-02-01 00:00:00.0
Quote Terms: Zahlung (Tage netto) 30

Position	Produkt	Menge	Betrag	Angebot Stückpreis	Anpassung	Zwischensumme
00001	Tiny Gizmo [GZ-1000]	150		9,90 $	0,00 $	1.485,00 $
	Zwischensumme	1.485,00 $				
	Gesamtsumme	1.485,00 $				

Seite 1 von 1

Eine sinnvolle Bedienung der Applikation ist mit dem Smartphone nicht möglich, da der reguläre Bildschirminhalt in winziger Schrift dargestellt wird. Immerhin hat sich der Webstore als mit dem Smartphone bedienbar erwiesen.

2.3 Axelor

Das ERP-System wird seit 2014 vom gleichnamigen französischen Unternehmen entwickelt. Es stellt das Thema Benutzerfreundlichkeit in den Vordergrund und ist optisch sehr ansprechend. Als Besonderheit ist aufzuführen, dass es einen Low-Code/No-Code-Ansatz für die Modellierung von Geschäftsprozessen unterstützt.

Leider gibt es keine deutsche Community und entsprechend keine Ausrichtung auf deutsche Anforderungen. Weltweit sind über 20 kommerzielle Service Provider verfügbar, aber keiner in Deutschland.

Bei einer Entscheidung ist unbedingt zu berücksichtigen, dass einmal eingerichtete Installationen nur im Rahmen des kommerziellen Supports auf neue Releases upgedatet werden können. Die kostenfreie Open Source Edition stellt diese Funktionen nicht zur Verfügung.[4]

---

4 siehe z.B. die Antwort im Benutzerforum: https://forum.axelor.com/t/migration-maj-v5-a-v6-desastre-no-reccomended/3846/20 vom 21.06.2021

Der Startbildschirm ist übersichtlich mit einem farbigen Hauptmenü als Menüleiste an der linken Seite und Statusinformationen.

Die Eingabefenster verschiedener Vorgänge können über Tabs am oberen Bildschirmrand ausgewählt werden. Die zu durchlaufenden Zustände im Geschäftsprozess werden graphisch veranschaulicht.

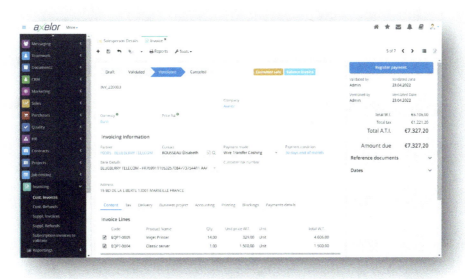

Der erstellte Ausdruck ist übersichtlich und enthält auch die Pflichtinformationen für Geschäftsbriefe, ist aber optisch von vielen schwarzen Tabellenrahmen geprägt.

12 rue Albert Einstein
77420 Champs sur Marne - France
Phone : +33 (0)1 64 61 04 01
Fax: +33 (0)1 83 62 92 85
Mail: info@axelor.com

Quote #12

Date : 5/3/22
Validity duration : 1 month
6/3/22

Salesperson :
Email :
Phone :

Payment condition : 15 net days
Payment mode : Cheque Cashing

Customer code : P0006

	Reference	Description	Qty / Unit	Unit Price	Discount	Amount W.T.
	COMP-0002	Hard Disk SSD 100 Go DD SSD 100 Go - SATA 6Go/s - 7 mm	7.00 Unit	80.00	0.00	560.00 EUR

Tax	Base	Tax Amount
20.00%	560.00	112.00

Total gross excl. Tax	560.00 EUR
Discount	0.00 EUR
Total excl. Tax	560.00 EUR
Total Tax	112.00 EUR
Total incl. Tax	**672.00 EUR**

Bank :   16 BOULEVARD DES ITALIENS 75450 PARIS
IBAN :   FR76 9933 3020 9619 6343 7764 029
BIC :   CCCCFRPPXXX

Any late payment will result in late penalties at a rate calculated on the basis of three times the legal interest rate in force in France and a lump sum indemnity of 40 euros for recovery costs, due by law, without a reminder being necessary.

We wish you good reception of your order and we thank you for choosing Axelor.

SAS au capital de 110 000 €

1 / 1

Siren N° : 480 879 733 RCS de Meaux - TVA N° : FR18480879733

Das System lässt sich gut per Smartphone bedienen mit übersichtlichen Icons und ausreichend großen Buttons.

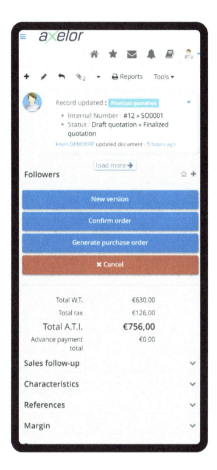

2.4 BlueSeer

BlueSeer ist unter allen dargestellten ERP-Systemen insofern ein Exot, als es sich nicht um eine Server-Installation, sondern um ein auf dem Arbeitsplatzrechner installiertes Programm handelt. Die Bedienung erfolgt daher auch nicht innerhalb eines Browser-Fensters, sondern als Reguläre Desktop-Applikation. Die Datenbank kann jedoch im Netzwerk liegen, so dass die Lösung auch für mehrere Nutzer geeignet ist.

Das Projekt hat seine Wurzeln in den USA, ist aber vom Benutzerinterface international ausgerichtet. Es ist das inhaltlich beachtliche Ergebnis der Arbeit einer Einzelperson. Dies ist allerdings bei einer Risikoabwägung mit zu berücksichtigen, da der Fortgang des Projektes an nur eine Person gebunden ist.

Das Projekt deckt die klassischen Funktionen eines ERP-Systems ab. Da es nicht im Internet betrieben wird, können keine erweiterten Funktionen bereitgestellt werden, auf die Kunden direkt zugreifen können, wie z.B. Kundenportale oder Helpdesk-Lösungen. Auch eine Bedienung per Smartphone ist entsprechend nicht möglich.

Der Startbildschirm wird für Statusinformationen genutzt. Die Bedienung erfolgt über eine Menüleiste am oberen Bildschirmrand.

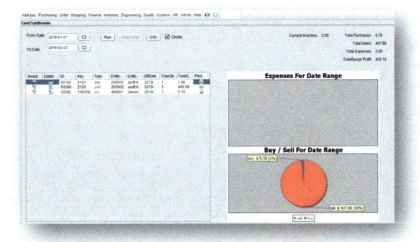

Eingaben erfolgen über Fenster. Optisch ist die Formulardarstellung etwas in die Jahre gekommen.

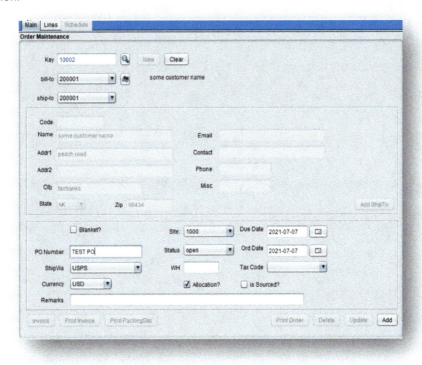

Die Rechnungsformulare sind schlicht und funktional gehalten. Etwaige Pflichtangaben werden nicht automatisch ausgegeben.

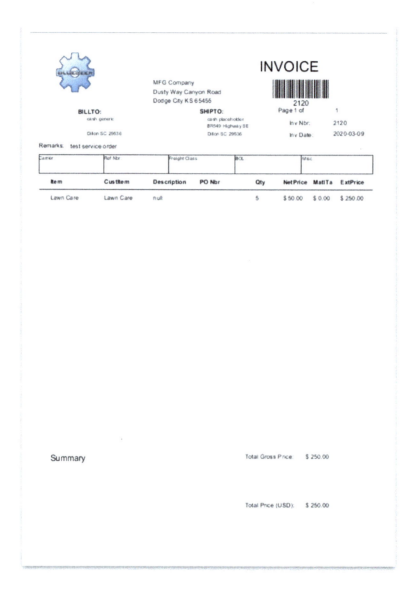

Als reine Desktop-Anwendung ist BlueSeer nicht mit einem Smartphone benutzbar.

2.5 Dolibarr ERP/CRM

Bei Dolibarr ERP/CRM handelt es sich um ein bereits seit 2002 bestehendes Projekt, das seinen Ursprung in Frankreich hat. Das Projekt hat sich bereits vor Jahren stark international ausgerichtet. Die größte Nutzer-Community findet sich in Frankreich, es gibt aber auch mehrere sehr aktive internationale und deutsche Communities, so dass gute Aussichten bestehen, Fragen in Foren beantwortet zu bekommen.

Die Lösung bietet einen sehr breiten und innovativen Funktionsumfang, der auch jenseits der klassischen ERP-Funktionen Unternehmensanforderungen an eine Business-Software weitgehend abdecken soll. Gleichzeitig wird Einfachheit in mehrfacher Hinsicht angestrebt: bei Installationen und Upgrades, in der Bedienung und auch in der technischen Umsetzung.

Das Projekt ist rein Community-getrieben und wird von der Non-Profit Organisation Dolibarr Association koordiniert. In zwei Releases pro Jahr werden neue Funktionen bereitgestellt. Neben Anwender- und Entwickler-Dokumentation in Form eines Wikis werden inzwischen auch zahlreiche Video-Tutorials angeboten, die die Bedienung verschiedener Funktionen erläutern.

Die Lösung kann selbst gehostet werden. Es gibt zudem viele Angebote als Cloud-basierte SaaS-Lösung. Ein Wechsel zu einem anderen Anbieter oder auf eine eigene Installation ist durch eine integrierte, einfach zu nutzende Backup- und Restore-Funktion für die erfassten Daten jederzeit unkompliziert möglich.

Auf dem Startbildschirm lassen sich Kacheln, Grafiken und Listen mit unterschiedlichsten Informationen anzeigen. Das Bedienkonzept beruht auf einem Hauptmenü am oberen Bildschirmrand und einem auf den Kontext bezogenen Menü am linken Bildschirmrand.

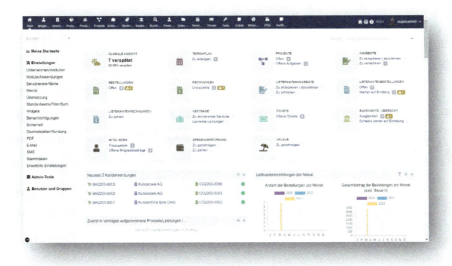

Formulareingaben sind übersichtlich gehalten und mit moderner Darstellung.

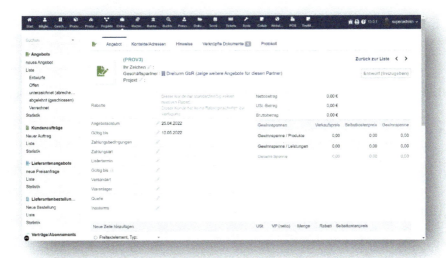

Die verwendeten Formulare sind klar strukturiert und haben ein eher konservatives Erscheinungsbild. Sie enthalten bereits standardmäßig alle Pflichtangaben für Geschäftsbriefe.

Angebot PR2204-0002

Datum : 25.04.2022
Gültig bis : 10.05.2022
Kundennummer : CU2204-00005

An

Dreiturm GbR
Firmenweg 1
12345 Tupfingen

Von

Demo & Test GmbH
Probeweg 12
12345 Musterort

Tel.: +49 111 223344-0 · Fax: +49 111 223344-80
E-Mail: service@demotest.void
Internet: www.demotest.void

Alle Beträge in Euro

Beschreibung	USt.	VP (netto)	Menge	Nettosumme
Set1 - NUKASET-10er	19%	50,00	20	1.000,00

Zahlung per Überweisung bitte auf folgendes Konto:

Bank:

Bankleitzahl	Kontonummer
201 304 00	1234 5678 90

Kontoinhaber: Demo & Test GmbH
IBAN: DE69 2013 0400 1234 5678 90
BIC / SWIFT-Code: GREBDEH1

Nettosumme	1.000,00
USt. gesamt 19%	190,00
Bruttosumme	1.190,00

Bei Beauftragung: Name in Klarschrift, Ort, Datum,
Unterschrift

Firmensitz: Demo & Test GmbH · Probeweg 12 · 12345 Musterort, Deutschland
Telefon: +49 111 223344-0 · Fax: +49 111 223344-80 · www.demotest.void · service@demotest.void · Geschäftsführer: Max Mustermann
GmbH · Gesellschaft mit beschränkter Haftung · Amtsgericht: Amtsgericht Musterort
Handelsregister-Nummer: HRB 12345 · USt-IdNr.: DE123456789

1/1

Die Lösung lässt sich auch gut mit dem Smartphone nutzen. In der neuesten Version können Angebote direkt auf dem Display vom Kunden unterschrieben werden.

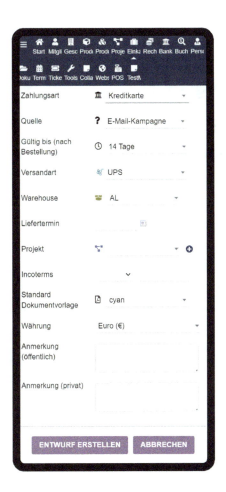

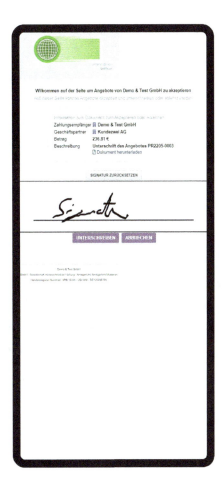

2.6 ERP5

ERP5 ist ein von der französischen Firma Nexedi seit 2002 entwickeltes ERP-System, das z.T. über unkonventionelle eigene Ansätze, wie die Verwendung einer selbst entwickelten Datenbank-Technologie, verfügt. Das System wird u.a. von Großkunden wie Banken genutzt.

Die von außen sichtbaren Projektaktivitäten sind in den letzten Jahren sehr zurückgegangen. Eine früher angebotene SaaS-Version ist im Internet nicht mehr auffindbar und auch Live Demos, auf die von der Homepage immer noch verwiesen wird, existieren nicht mehr. Die letzten veröffentlichten News auf der Homepage von ERP5 stammen aus dem Jahr 2020 und im Diskussionsforum gibt es praktisch keine Aktivität. Allerdings erfolgen weiterhin Commits im Open Source Repository.

Aufgrund dieser aktuellen Gesamtsituation drängt sich ERP5 für neue Projekte nicht unbedingt auf, sofern nicht ganz besondere Anforderungen vorliegen.

Die Benutzerschnittstelle wirkt aufgeräumt mit einem Hauptmenü auf der linken Seite .

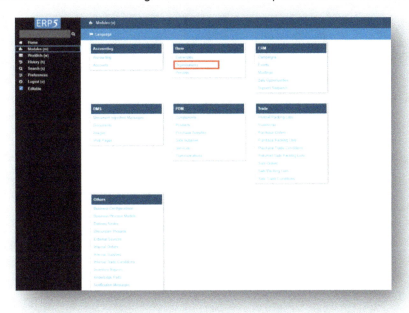

Auch Formulareingaben erfolgen klar strukturiert.

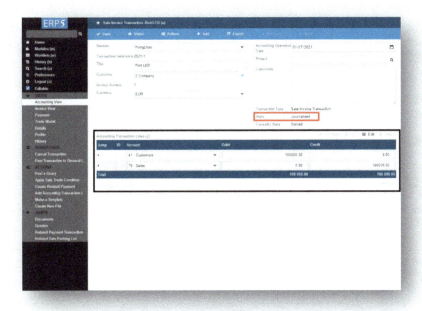

Die Ausdrucke sind schlicht und mit vielen Rahmen versehen.

Hongzhao
15 Rue Erlanger, 75016 Paris, France
Tel. +(0)-330987654321

INVOICE
Page 1 of 1

				Invoice Number:	1
Supplier	Hongzhao 15 Rue Erlanger, 75016 Paris, France Tel. +(0)-330987654321	Client	Z Company 12 Zorro Street, 93210 Beverly Hills, 93210 Email: info@zcompany.com	Document Date:	07/01/2021
				Currency:	EUR
Ship From	Hongzhao 15 Rue Erlanger, 75016 Paris, France Tel. +(0)-330987654321	Ship To	Z Company 12 Zorro Street, 93210 Beverly Hills, 93210	Payment:	07/01/2021
				Delivery Mode:	By Air
				Incoterm:	

Line	Your Item No.	Our Item No.	Description	Quantity	Unit	Tax Code	Unit Price	Total Price
1		R1.01	This product is our best-seller	100 000.0	Piece	1.2	1.00	100 000.00

	Total Excluding Tax:	100 000.00

Tax Code	Amount	Rate	Tax Price

	Total Including Tax	100 000.00

Bank: LCL Paris Sud
23000 28975 57848587698

Notes

Generated with ERP5 - Open Source ERP suite (www.erp5.org)

Da die Live Demo von ERP5 nicht lauffähig war, war auch kein Zugriff per Smartphone möglich, so dass kein Screenshot gezeigt werden kann.

2.7 ERPNext

ERPNext

Dieses ERP-System ist eine Entwicklung unter Federführung des Unternehmens Frappe mit Sitz in Indien, die im Jahr 2008 begonnen wurde. Das erklärte Ziel ist es, das WordPress der ERP-Systeme zu werden, also eine entsprechend hohe Verbreitung zu erreichen.

Das System bietet einen sehr großen und laufend wachsenden Funktionsumfang, der zudem für verschiedene Branchen vorkonfiguriert werden kann. Der Firmenchef von Frappe hat ein starkes Bekenntnis zur langfristigen Veröffentlichung der Lösung als Open Source abgegeben, auch wenn sich inzwischen ein Investor am Unternehmen beteiligt hat.

Das System bietet eine low-code Umgebung für die Erstellung eigener Erweiterungen, ist aber in seiner Gesamtheit technisch komplex, da ein umfassendes Verständnis unter anderem die Einarbeitung in den proprietären Frappe-Framework erfordert und das Projekt insgesamt sehr umfangreich ist.

Ähnlich wie WordPress bietet ERPNext eine gehostete Lösung als kostenpflichtiges SaaS-Angebot an, die zunehmend stärker vermarktet wird und die vor kurzem durch einen App-Store für das Herunterladen funktionaler Erweiterungen ergänzt wurde. Über die eigene Frappe School werden zudem kostenfreie Online-Weiterbildungen und kostenpflichtige Zertifizierungen angeboten.

Die Bedienung erfolgt über ein Hauptmenü auf der linken Seite und thematisch gegliederte Befehle im Hauptbereich.

Formulare werden sauber dargestellt. Eingabegruppen sind untereinander positioniert, so dass in manchen Fällen viel gescrollt werden muss.

Ausdrucke sind schlicht. Die standardmäßige Angabe eines Gesamtbetrages, einer gerundeten Gesamtsumme sowie zusätzlich des Betrags in (englischen) Worten entspricht nicht überall den Gepflogenheiten und kann in den Konfigurationseinstellungen angepasst werden.

ANGEBOT
SAL-QTN-2022-00002

ENTWURF

| Kundenname: | Test Customer Ltd. | Datum: | 08-05-2022 |
| | | Gültig bis: | 08-06-2022 |

Adresse:
Big Way 1
Towncity
1234567
Spain

Pos	Artikel-Code	Beschreibung	Menge		Rabattbetrag	Preis	Betrag	Rate of Stock UOM
1	High Quality Product	High Quality Product	Stk	25	€ 0.00	€ 24.998,00	€ 624,950.00	€ 24.998,00

Gesamtmenge:		25	Summe	€ 624,950.00
			Gesamtbetrag:	€ 624,950.00
			Gerundete Gesamtsumme:	€ 624,950.00
			In Worten:	EUR Six Hundred And Twenty Four Thousand, Nine Hundred And Fifty only

Die Anwendung lässt sich auch mit einem Smartphone bedienen.

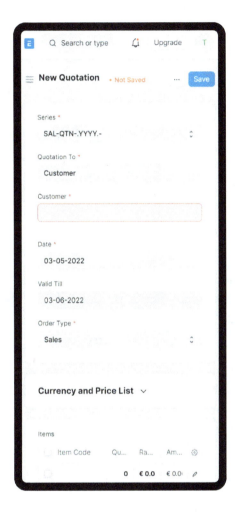

2.8 Flectra

Das Projekt Flectra ist eine Abspaltung vom Open Source ERP-Projekt Odoo aus dem Jahr 2017. Nachdem Odoo wiederholt Funktionen aus der Open Source Community Edition entfernt und ausschließlich über die kostenpflichtige Enterprise Edition angeboten hat, wurde dieses Projekt von einem bisherigen Odoo-Partner als Reaktion darauf gegründet.

Zwischen odoo und Flectra hat es zunächst einen Rechtstreit um Fragen des Copyrights gegeben.[5] Seitdem existieren die beiden Projekte parallel. Optisch sind die Wurzeln von Flectra klar erkennbar. Die Lizenzpolitik sieht bei Flectra neben einer kostenfreien und funktional sehr umfassenden Open Source Version eine kostenpflichtige Version mit zusätzlichen Applikationen vor.

Bei der Open Source Variante von Flectra wird kein Update von bestehenden Installationen auf neuere Releases unterstützt. Diese Funktion ist ausschließlich der kostenpflichtigen Variante vorbehalten. Diese Einschränkung steht einem dauerhaften Betrieb einer Installation auf Open Source Basis klar entgegen und sollte bei der Auswahl unbedingt berücksichtigt werden.

---

5 Darstellung aus Sicht von odoo: https://www.odoo.com/de_DE/page/flectra-vs-odoo-flectrahq-enterprise; Darstellung aus Sicht von Flectra: https://flectrahq.com/the-great-copyright-suit-of-odoo-vs-flectra-and-the-conclusion

Der Startbildschirm dient als Auswahlmenü für die grundlegenden Funktionen:

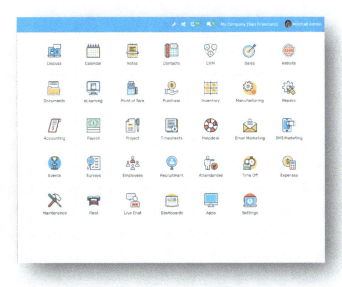

Formulareingaben sind übersichtlich und der Prozess ist klar dargestellt.

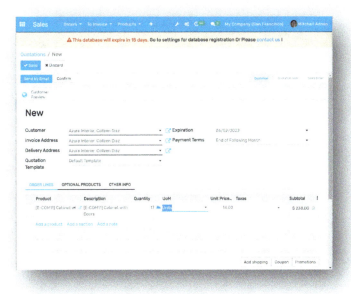

Druckausgaben können graphisch ansprechend gestaltet werden.

Your logo

My Company (San Francisco)
250 Executive Park Blvd, Suite 3400
San Francisco CA 94134
United States

Azure Interior, Colleen Diaz
4557 De Silva St
Fremont CA 94538
United States

Order # S00043

Order Date:
05/03/2022 20:26:11

Salesperson:
Mitchell Admin

Description	Quantity	Unit Price	Taxes	Amount
[E-COM11] Cabinet with Doors	17.00 Units	14.00		$ 238.00
	Subtotal			$ 238.00
	Total			$ 238.00

Payment terms: End of Following Month

+1 (650) 555-0111 info@yourcompany.com http://www.example.com

Page: 1 of 1

Die Bedienbarkeit per Smartphone ist gegeben.

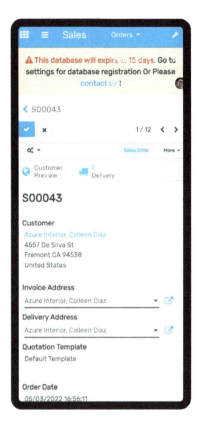

2.9   FrontAccounting ERP

Das System wird seit 2005 durch ein internationales Team entwickelt, die beiden führenden Entwickler sind in Schweden und Polen beheimatet. Es werden die klassischen ERP-Funktionen abgedeckt mit besonderer Beachtung des Bereichs Buchhaltung.

Eine explizite deutsche Community ist nicht sichtbar, so dass zumindest fraglich ist, ob spezifisch deutsche Anforderungen berücksichtigt sind. Für die Benutzerschnittstelle existiert zumindest eine (nicht ganz vollständige) deutsche Übersetzung.

Auf der Homepage wird lediglich ein Service Provider in Polen gelistet. Es ist daher vermutlich nicht sichergestellt, kommerziellen Support mit Kenntnis lokaler Anforderungen zu erhalten.

Der Hauptbildschirm zeigt am oberen Bildschirmrand das Hauptmenü und bietet schnellen Zugriff auf zahlreiche Funktionen. Das Design wirkt allerdings nicht mehr modern.

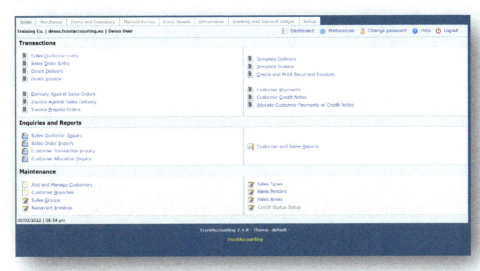

Das Design der Eingabeformulare ist ebenfalls nicht mehr modern, aber funktional.

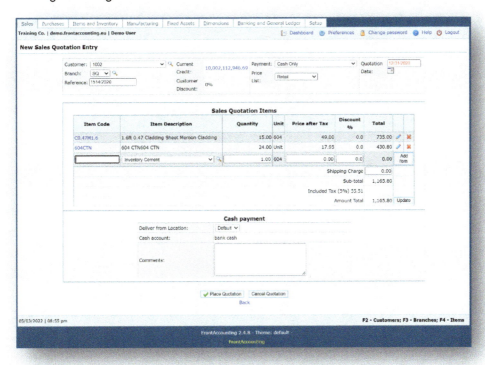

Ausdrucke erfolgen in einem sachlichen Layout.

Auf dem Smartphone wird die reguläre Webseite mit winziger Schrift dargestellt. Eine sinnvolle Bedienbarkeit ist so nicht gegeben.

2.10 iDempiere

Es handelt sich beim ERP-Projekt iDempiere um eine Abspaltung vom Projekt ADempiere (siehe Abschnitt 2.1) aus dem Jahr 2012, die durch Unstimmigkeiten in der Entwickler-Community hervorgerufen wurde.[6] Es wurde von Anfang an eine Komponenten-Architektur (OSGi) für eine bessere Modularisierbarkeit des Systems verwendet.

Das Projekt ist vollständig Community-getrieben und darauf ausgelegt, Anwendungsfälle mittelständischer Unternehmen zu unterstützen. In einer Präsentation von 2014 wird eine Größe ab 50 Mitarbeitern als Zielgruppe angegeben.[7]

---

6 http://www.adempiere.com/ADempiere_ERP

7 https://integratio.com/de/wp-content/uploads/2014/08/
20140925_integratio_GI_Jahrestagung.pdf (S. 18)

Der Eingangsbildschirm stellt wichtige Informationen in einer Übersicht dar.

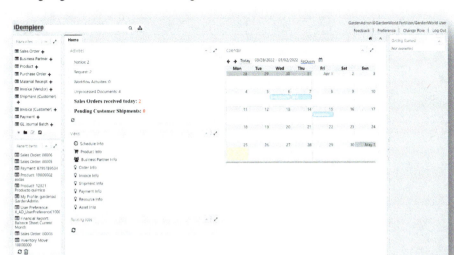

Menüpunkte und zuletzt verwendete Objekte finden sich auf der linken Seite. Für eine aufgerufene Funktion erscheint jeweils ein neuer Reiter auf dem Hauptbildschirm (hier Home und Sales Order). Für die Anzeige aller Attribute einer Bestellposition ist umfangreiches horizontales Scrollen erforderlich.

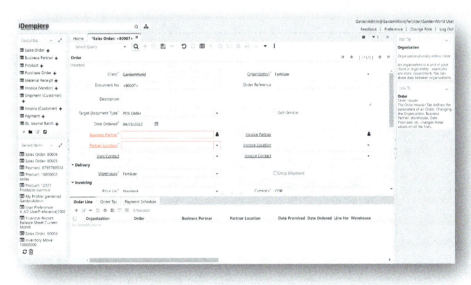

Der Ausdruck zeigt, dass die Gestaltung der Geschäftsdokumente eher schlicht ausfällt und etwaige Pflichtangaben standardmäßig nicht enthalten sind.

80 Rue Principale
F-75014 Paris
Francia

Sr Albert,Mateos

Date Promised : 25/04/2022
Customer No   : a132131
Sales Consultant : GardenAdmin BP

** Nuevo ** 80005 - 25/04/2022

Qty UoM	Description	Unit Price	Line Net
1 Un	Costos de Viaje	100.000.00	100.000.00
Suma			**100.000,00**

COP 100.000,00 Inmediato
** NO HAY FACTURA AUN **

Eine Bedienung mit dem Smartphone ist möglich, auch wenn einige Bedienelemente relativ klein sind, wie der Screenshot veranschaulicht:

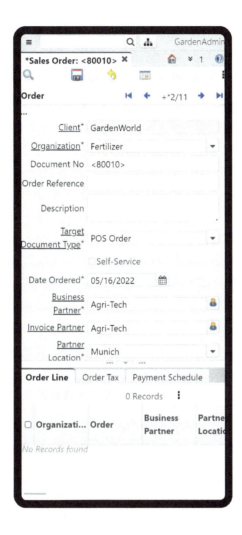

2.11 Kivitendo

Es handelt sich um ein ERP-System, das sich im Jahr 2003 unter der Bezeichnung Lx-Office vom Open Source Projekt „SQL Ledger" abgespalten hat. Im Jahr 2013 wurde das Projekt in kivitendo umbenannt. Ein besonderer Fokus liegt auf der Erfüllung der deutschen Anforderungen, nicht zuletzt im Bereich Buchhaltung.

Hinter dem Projekt steht die kivitendo GmbH, die die Koordinierung der Weiterentwicklung übernimmt. Der Funktionsumfang ist nicht so groß wie bei manchen anderen Systemen und deckt eher den klassischen Bereich inklusive der kaufmännischen Finanzbuchhaltung ab. Eine Nutzung mittels Smartphone ist nicht möglich. Es wurde aber eine Funktion realisiert, um mit dem Smartphone Bilder als Anlagen zu Lieferscheinen aufzunehmen und in das ERP-System hochzuladen.

Kostenpflichtiger Support wird sowohl von der kivitendo GmbH als auch von mehreren in Deutschland ansässigen Partnerfirmen angeboten. Eine Besonderheit besteht in der Nutzung von zwei unterschiedlichen Programmiersprachen: Perl für die ERP-Funktionen in Verbindung mit PHP für die Funktionalität des Customer Relationship Managements (CRM).

Der Einstiegsbildschirm zeigt auf der linken Seite das Hauptmenü und lässt den übrigen Platz weitgehend ungenutzt.

Die Formulareingaben sind funktional, haben aber kein modernes Design. Am oberen Bildschirmrand sind für den jeweiligen Workflow relevante Funktionen abrufbar.

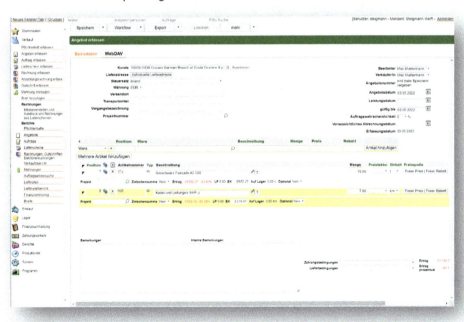

Die Ausdrucke wie Angebote und Rechnungen sind sauber strukturiert, haben ein unaufdringliches Design und beinhalten die deutschen Pflichtangaben.

kivitendo GmbH, Kölnstr. 311, 53117 Bonn

OIDA Cruises German Branch of Costa Crociere
S.p.A.
OIDA-Str. 1-10

18001 Rostock
Germany
here:

Angebot

Nr. 4

Datum:	23.04.2022
Kunden-Nr.:	10000
Ansprechpartner:	Max Mustermann
Tel.:	0228 55555
E-Mail:	info@test.de

Sehr geehrte Damen und Herren,

gerne unterbreiten wir Ihnen folgendes Angebot:

Pos.	Art.-Nr.	Bezeichnung	Menge	E-Preis	G-Preis
1	004	**Kabel und Leitungen H03VV-F**	1 m	0 €	0.00 €
		H03VV-F 3x0.75 - Leichte PVC-Schlauchleitung feindrähtig, Ring 50 Meter			
		Farbe: schwarz			
		Nach DIN VDE 0281			
		Projektnummer: 01-2012			

Nettobetrag	0.00 €
Gesamtbetrag	**0.00 €**

space5mm

Wir danken für Ihre Anfrage und hoffen, Ihnen hiermit ein interessantes Angebot gemacht zu haben.

Das Angebot ist freibleibend gültig bis zum 25.04.2022.
Sollten Sie noch Fragen oder Änderungswünsche haben, können Sie uns gerne jederzeit unter den unten genannten Telefonnummern oder E-Mail-Adressen kontaktieren.

Bei der Durchführung des Auftrags gelten unsere AGB, die wir Ihnen gerne zuschicken.

Mit freundlichen Grüßen

Max Mustermann

kivitendo GmbH	information@kivitendo-premium.de	Kontonummer:	4071953800
Kölnstr. 311	http://www.kivitendo-premium.de	bei der	GLS Bank eG
53117 Bonn	UStId: DE292363254	IBAN:	DE50430609074071953800
Tel.: +-49 228 92 98 2012	Finanzamt Bonn-Innenstadt	BIC:	GENODEM1GLS
		BLZ:	430 609 67

Auf dem Smartphone werden Bildschirminhalte abgeschnitten und erfordern viel horizontales Scrollen, so dass eine sinnvolle Nutzung nicht möglich ist.

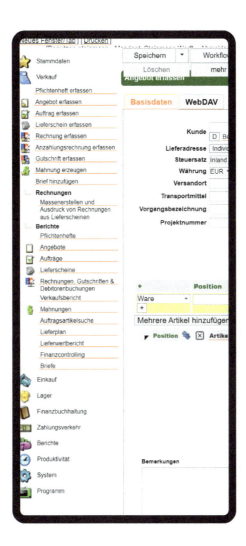

2.12 Ledger SMB

Das Projekt LedgerSMB spaltete sich im Jahr 2006 aus dem Projekt SQL-Ledger ab. Es hat einen starken Fokus auf doppelter Buchführung und integriert zudem klassische ERP-Funktionen. Innerhalb des Projektes gibt es eine hohe Transparenz in Bezug auf den Status der Entwickler-Community, z.B. im Rahmen von jährlich veröffentlichten Statistiken.[8] Leider scheint das Interesse an dieser Lösung über die letzten Jahre abzunehmen, sofern die Zugriffszahlen auf die Projekt-Website als Indikator herangezogen werden.

Es gibt kommerzielle Service Provider in den Niederlanden, USA, Norwegen und Estland, die Unterstützung anbieten.

Für das Projekt gibt es keine deutsche Community und die Benutzerschnittstelle ist nicht vollständig ins Deutsche übersetzt. Da es auch keinen Service Provider in Deutschland gibt, ist individuell zu klären, inwieweit hier Gründe für einen professionellen Einsatz existieren, die die Risiken des fehlenden lokalen Supports überwiegen.

---

8 https://ledgersmb.org/content/community-overview-2021

Links auf der Hauptseite befindet sich das Hauptmenü, der übrige Platz wird für Informationen zum Projekt genutzt.

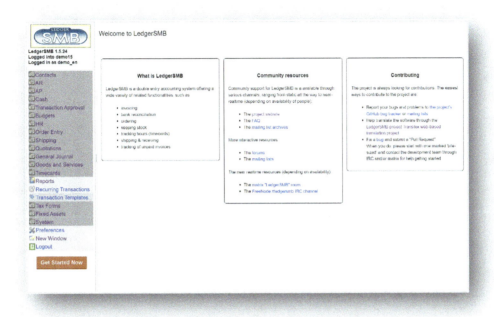

Dem Design der Applikation sieht man sein Alter an.

Die Erstellung von PDF-Ausgaben erzeugte in der Demo-Instanz regelmäßig einen Fehler, daher kann kein Formular-Ausdruck wiedergegeben werden.

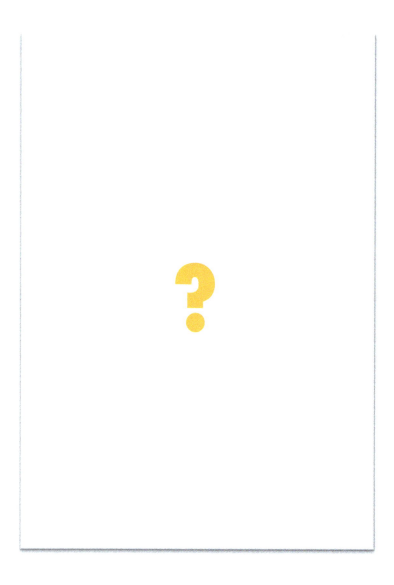

Die Darstellung wird nicht an die Platzverhältnisse auf einem Smartphone-Display angepasst, so dass eine Bedienung auf diesem Gerät nicht sinnvoll möglich ist.

2.13 Metasfresh

Das Projekt metasfresh entstand im Jahr 2015 als Abspaltung aus dem Open Source Projekt ADempiere (siehe Abschnitt 2.1). Die ADempiere-Community ist über die gemeinsame Zusammenarbeit vor der Abspaltung laut Aussage auf ihrer Homepage nicht glücklich,[9] an anderer Stelle wird von einem Friendly-Fork gesprochen,[10] also einer Trennung im Einvernehmen.

Die Entwicklung von metasfresh wird von der metas GmbH mit Sitz in Deutschland sowohl koordiniert als auch inhaltlich maßgeblich vorangetrieben. Es gibt spezielle Ausrichtungen auf diverse Branchen und inzwischen liegt ein starker Fokus darauf, auf Basis der Open Source Lösung eine leistungsfähige (kostenpflichtige) Cloud-Lösung als SaaS-Produkt anzubieten.

9 http://www.adempiere.com/ADeV_removal_of_credit_history

10 https://softwareconnect.com/erp/metasfresh/

Der Einstiegsbildschirm ist leer, am oberen Rand ist das Hauptmenü abrufbar.

Eingabeformulare sind klar gegliedert. Funktionen befinden sich aber in verschiedenen Menüs, teils in der linken und der rechten oberen Ecke des Bildschirms, die jeweils erst ausgeklappt werden müssen.

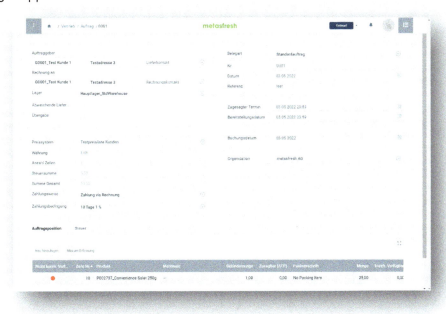

Die Erstellung von PDF-Ausgaben erzeugte in der Demo-Instanz regelmäßig einen Fehler, daher kann kein Formular-Ausdruck wiedergegeben werden.

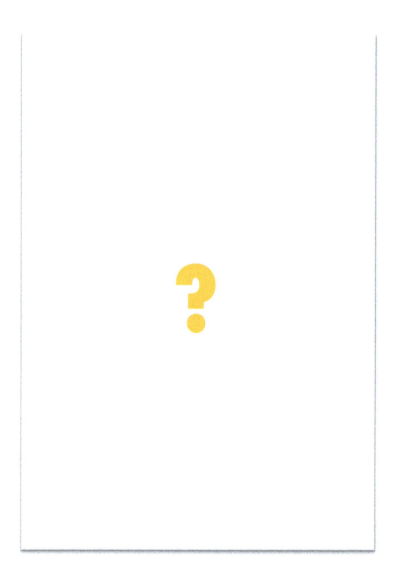

Die Applikation lässt sich auch mit einem Smartphone sinnvoll bedienen.

2.14 Nuclos

Es handelt sich um ein deutsches Projekt, das nicht den Anspruch hat, Out-of-the-Box direkt verwendet zu werden, sondern es handelt sich um einen Open Source ERP-Baukasten als Grundlage für individuelle Anpassungen und Konfigurationen.

Die hinter dem Projekt stehende Firma Novabit Informationssysteme GmbH bietet entsprechend nicht nur die vollständige Realisierung kundenindividueller Systemlösungen auf Basis von Nuclos an, sondern unterstützt den Nutzer mit einer „Hilfe zur Selbsthilfe" in Form kostenpflichtiger Workshops und Support-Leistungen.

Der Einsatz dieser Lösung empfiehlt sich insbesondere dann, wenn aufgrund der Anforderungen eine stark individuelle Realisierung eines ERP-Systems sinnvoll erscheint, die den Aufwand für die Anpassungen rechtfertigt.

Auf dem Eingangsbildschirm befindet sich am oberen Bildschirmrand das Hauptmenü. Zusätzlich wird ein Dashboard mit wichtigen Informationen angezeigt.

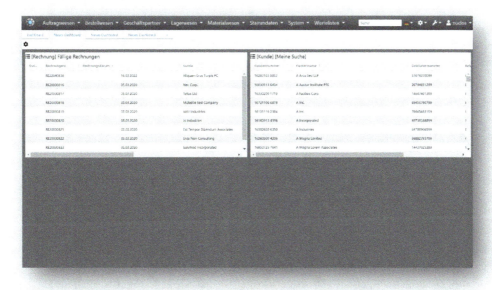

Die Erfassung eines neuen Angebots erfolgt parallel zur Darstellung der Liste bestehender Angebote.

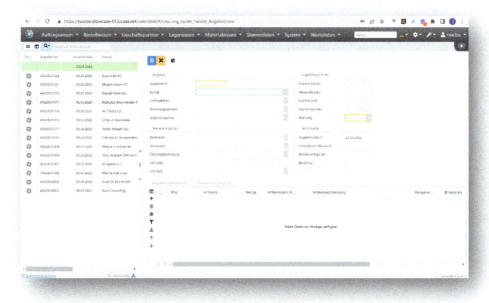

Die Erstellung von PDF-Ausgaben erzeugte in der Demo-Instanz regelmäßig einen Fehler, daher kann kein Ausdruck eines Dokuments wiedergegeben werden.

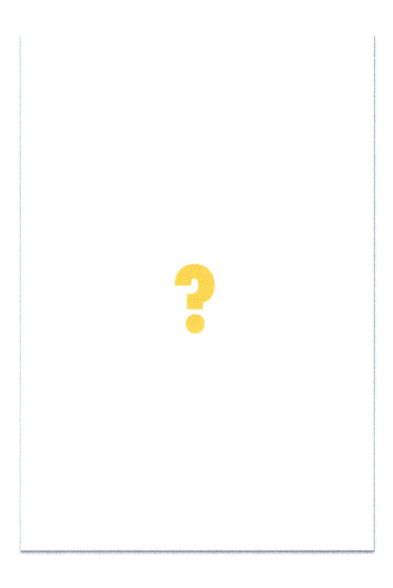

Auf dem Smartphone erfordert die Darstellung horizontales Scrollen, so dass eine flüssige Bedienung auf diesem Gerätetyp nicht möglich ist.

2.15 Odoo Community Edition

Odoo ist aus dem OpenERP-Projekt hervorgegangen, das eine vollständige Open Source Lösung darstellte. Im Jahr 2015 hat sich das hinter dem Projekt stehende Unternehmen entschieden, nur noch ausgewählte Funktionen als Open Source in Form der odoo Community Edition zu veröffentlichen (sog. Open Core), so dass zuvor freie Funktionalitäten nur noch in der kostenpflichtigen Enterprise Edition zugänglich sind. Im Verlauf weiterer Releases sind dann immer mehr Funktionen aus der Community Edition entfernt und nur noch in der Enterprise Edition angeboten worden.

Bei der Community Edition ist besonders zu beachten, dass keine Buchhaltungsfunktion mehr enthalten ist. Zudem werden Updates bestehender Installationen auf neuere Releases der Community Edition nicht offiziell unterstützt. Auf Eigeninitiative werden von Mitgliedern der Open Source Community die benötigten Funktionen separat entwickelt und kostenfrei bereitgestellt.

Wer den Einsatz der Community Edition langfristig plant, muss damit rechnen, dass zukünftig noch weitere Funktionen entfallen. Zudem ist unklar, ob ein Update auf neuere Releases dauerhaft möglich sein wird.

Auf dem Eingangsbildschirm werden lediglich die Hauptfunktionen angezeigt.

Die Dateneingabe ist übersichtlich gestaltet.

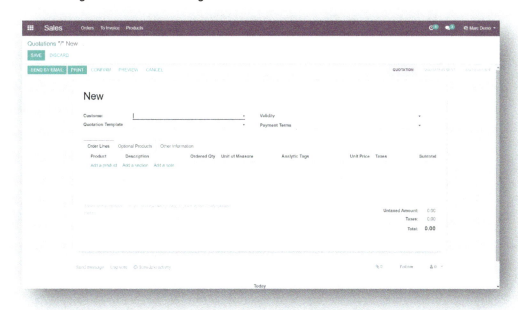

Die ausgegebenen Dokumente sind graphisch ansprechend in einem modernen Layout gestaltet.

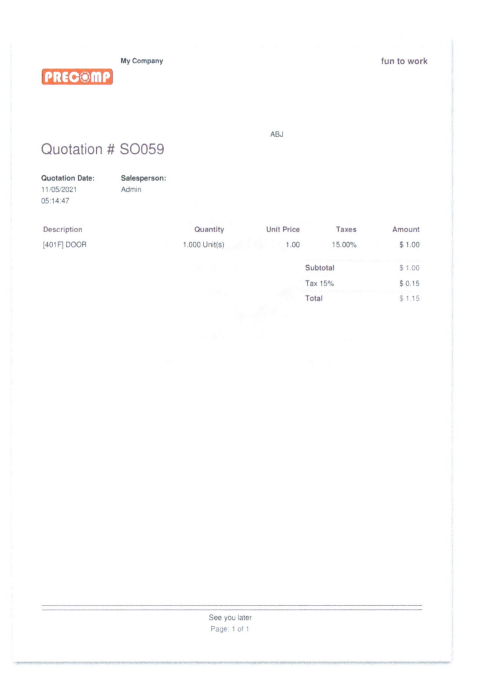

Die Anwendung kann auch sinnvoll mit dem Smartphone bedient werden.

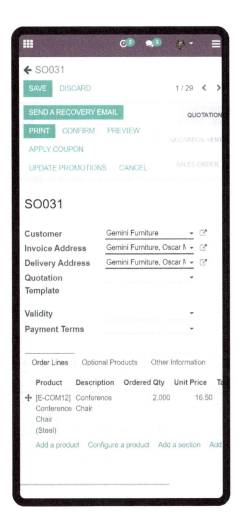

2.16 Tryton ERP

Das Projekt hat sich im Jahr 2008 vom Open Source Projekt TinyERP abgespalten, um im Rahmen der Fortentwicklung einen besonderen Fokus auf die Qualität der Software zu legen, der ein höherer Stellenwert eingeräumt wird als der Realisierung vieler neuer Features. Das Ziel ist eine modulare, gut skalierbare Architektur. Die Weiterentwicklung wird von der Tryton Foundation gesteuert, die ihren Sitz in Belgien hat.

Als einziges der betrachteten Projekte verwaltet es den Source Code mit dem Versionsmanagementsystem Mercurial und nicht mit Git, was für diejenigen relevant ist, die sich aktiv an der Weiterentwicklung beteiligen möchten.

Es gibt zahlreiche auf der Homepage gelistete Service Partner, die kostenpflichtigen Support bei der Integration und dem Hosting der Lösung anbieten. Zwei von ihnen haben ihren Sitz in Deutschland.

Der Eingangsbildschirm zeigt lediglich auf der linken Seite das Hauptmenü an, der übrige Platz bleibt ungenutzt.

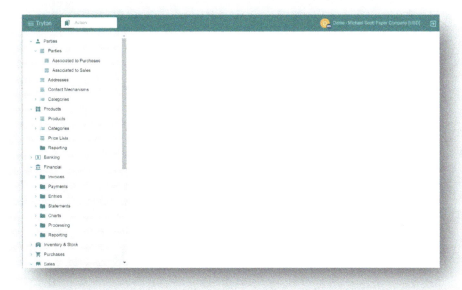

Formulareingaben sehen modern aus. Die Funktionen der zahlreichen Icons erschließen sich nicht immer sofort.

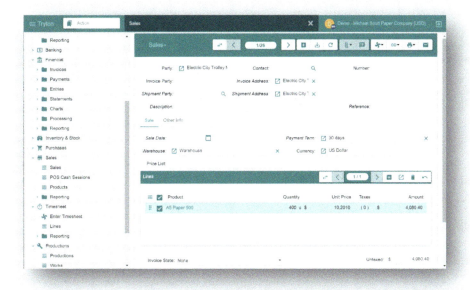

Druckausgaben sind standardmäßig einfach gehalten und ohne Design-Ambitionen. Benötigte Pflichtangaben müssen im Rahmen der Installation eigenständig ergänzt werden.

Michael Scott Paper Company

Electric City Trolley Museum
Association
300 Cliff Street
Scranton, PA 18503
UNITED STATES

Quotation N°: 76

Description:

Reference:

Date: 04/23/2022

Description	Quantity	Unit Price	Taxes	Amount
A5 Paper 500	10u	US$10.2010		US$102.01

Total (excl. taxes):	US$102.01
Taxes:	US$0.00
Total:	US$102.01

Die Bedienung per Smartphone ist weitgehend problemlos möglich.

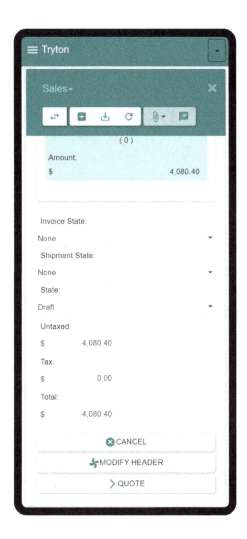

3 Analysekategorie I: Projekt-organisation und Ausrichtung

Open Source Projekte und die zugehörigen Communities können sehr unterschiedlich gestaltet sein. Dies hat sowohl Auswirkungen auf die langfristige Entwicklung solcher Projekte als auch auf den Umfang an Unterstützung, den man z.B. in Foren zu eigenen Fragestellungen bekommen kann. Und schließlich unterscheiden sich auch die adressierten Zielgruppen, was sich unter anderem in der Komplexität der technischen Installation oder der Verfügbarkeit von Dokumentationen bemerkbar macht.

Die Entscheidung für ein bestimmtes ERP-System erfordert einiges an Aufwand für die erstmalige Einrichtung und die Einarbeitung in die Bedienung. Es sollte daher bei der Auswahl berücksichtigt werden, wie es um die langfristige Perspektive steht.

3.1 Organisatorische Struktur und unterstützte Szenarien

In diesem Abschnitt werden Fragen der Organisation und Ausrichtung der Open Source Projekte betrachtet. Die Ergebnisse sind in Tabelle 3 zusammenfassend dargestellt. Die Spalten beschreiben die folgenden Aspekte:

Die betrachteten Projekte verwenden unterschiedliche **Open Source Lizenzen**. In den meisten Fällen basieren diese auf der GPL, was zur Folge hat, dass eigene Ergänzungen einer Lösung immer auch der GPL unterliegen. Ist diese Bedingung unerwünscht, sind Projekte unter der MIT- oder der Apache-Lizenz zu bevorzugen. Leider schützt eine Open Source Lizenz nicht davor, dass Unternehmen die Weiterentwicklung einstellen und ihr zukünftiges Angebot nur noch als Closed Source Applikation anbieten. Es hängt dann von der Community ab, ob sie ein Projekt auf Basis des vorhandenen Source Codes weiterentwickelt.

Bei der **koordinierenden Organisation** geht es darum, wer hinter dem Projekt steht. Dies sind in einigen Fällen kommerzielle Unternehmen, in anderen Fällen Non-Profit-Organisationen, die sich der Förderung des jeweiligen Projektes verschrieben haben. Der Vorteil der Koordinierung durch eine Non-Profit Organisation liegt insbesondere darin, dass die Wahrscheinlichkeit eines Strategiewechsels hin zu einer stärkeren Monetarisierung geringer ist als bei kommerziellen Unternehmen.

Ein **Release-Schedule** gibt vor, in welchen Intervallen neue Releases herausgegeben werden. Gibt es einen festen Zeitplan, erleichtert dies interne Planungen zu Release-Anpassungen. In der Regel werden auch ältere Releases aber über einen längeren Zeitraum unterstützt, so dass Upgrades einer bestehenden Installation nicht mit jedem neuen Release notwendig sind.

Bei einem langfristigen Einsatz muss das installierte System regelmäßig auf die neueste Version aktualisiert werden, insbesondere um einen Betrieb ohne Sicherheitslücken zu gewährleisten. Bei einem **Upgrade von Installationen auf ein neues Release** ändert sich oft die interne Struktur der Datenbank. Für die bestehende Installation ist dazu eine sogenannte Datenbank-Migration durchzuführen.

Die meisten Open Source Projekte unterstützen dies durch integrierte Funktionen. Bei wenigen Projekten, hinter denen kommerzielle Unternehmen stehen, ist das allerdings nicht der Fall und es wird versucht, aus Nutzern der Open Source Lösung beim Anstehen einer Aktualisierung zahlende Kunden einer Enterprise-Version zu machen.

Teilweise greift die Entwickler-Community zur Selbsthilfe und stellt eigene Update-Lösungen bereit. Es ist jedoch fraglich, wie lange dieser Zustand andauern wird, wenn die Leitung des Projektes dies nicht wünscht und bestehende Lösungen bewusst nicht zur Verfügung stellt. Ist die dauerhafte kostenfreie Nutzung der Open Source Lösung angestrebt, sollte auf Projekte ohne offizielle Upgrade-Möglichkeit verzichtet werden.

Soll mit einem ERP-System nicht nur ein Unternehmen verwaltet werden, sondern gleich mehrere, ist eine **Multi-Company-Unterstützung** sinnvoll. Diese erlaubt im Rahmen der bestehenden Installation, mehrere Unternehmen anzulegen und zu verwalten.

Entsprechend ist bei einer Nutzung für grenzüberschreitende Transaktionen mit verschiedenen Währungen eine **Multi-Currency-Unterstützung** erforderlich.

ERP System	Lizenz	Koordinieren-de Organi-sation	Formaler Plan für Releases in festen Intervallen	Upgrade auf neue Releases	Multi-Company	Multi-Currency
ADempiere	GPL v2	Foundation	nein	ja	ja	ja
Apache OFBiz	Apache 2.0	Apache Foundation	geplant ca. einmal jährlich	ja	ja	ja
Axelor	AGPL v3	Axelor Company	nein	nein, nur bei kommerzieller Version	ja	ja
BlueSeer	MIT	Einzelentwickler	nein	ja, erforderliche Migrations werden benannt	ja	ja
Dolibarr	GPL v3	Dolibarr Foundation	2 Major Releases pro Jahr, Support mind. für letzte 3 Releases	ja	ja, über kostenpfl. Modul	ja
ERP5	GPL	Nexedi Company	nein	ja	ja	ja
ERPNext	GPL v3	Frappe Company	kontinuierliche "Rolling Releases"	ja (tlw. anspruchsvoll!)	ja	ja
Flectra	LGPL v3	FlectraHQ Company	nein	nein, nur in kostenpflichtiger Pro-Variante	ja	ja
FrontAccounting	GPL v3	Non-profit Organization	nein	ja	ja	ja
iDempiere	GPL v2	Community	nein	ja	ja	ja
kivitendo	GPL v2	kivitendo GmbH	nein	ja	ja	ja
LedgerSMB	GPL v3	Community	etwa jährliche Releases	ja	ja	ja
metasfresh	GPL v2	metas GmbH	nein	ja	ja	ja
Nuclos	AGPL v3	Novabit Informations-systeme	nein	ja	ja	ja
Odoo Community Edition	LGPL v3	Odoo S.A.	jährlich, Maintenance für die drei letzten Releases	nein, aber Community-Aktivitäten	ja	ja
Tryton	GPL v3	Tryton Foundation	Minor Releases: 1 Jahr Support, Long Term	ja	ja	ja

Tabelle 3 – Organisatorische Struktur und unterstützte Szenarien

3.2   Vitalität der Projekt-Community

Open Source lebt zu wesentlichen Teilen davon, dass sich möglichst viele Nutzer und Interessenten in die Weiterentwicklung einbringen. Dadurch wird sichergestellt, dass ein breiter Erfahrungsschatz in die Entwicklungsaktivitäten fließt und das System laufend verbessert wird. Da das Thema ERP eher Spezialisten anspricht, sind die Größen dieser Communities nicht vergleichbar mit denen von Mainstream-Projekten. Aber ein Blick auf die Aktivität der Community lohnt sich, um festzustellen, ob mangels Beteiligung Probleme bei der Weiterentwicklung zu erwarten sind. Außerdem ist eine aktive Community auch ein Garant dafür, unkompliziert Antworten bei Fragen und Problemen zu erhalten. Der entsprechende Überblick über alle Projekte ist in Tabelle 4 dargestellt. Die Spalten haben die folgende Bedeutung:

Ein erstes Indiz für die Beteiligung an der Entwicklung von Open Source-Projekten ist **die Anzahl der Contributors**, also der Personen, die pro Monat neuen Source Code beitragen. Für die Ermittlung dieses Wertes kann auf den Online-Dienst OpenHub zurückgegriffen werden, der dies für sehr viele Projekte anhand der öffentlichen Daten in den Source Code Repositories analysiert.

Ein zweites Merkmal ist die Existenz und die Aktivität von **Foren**, in denen sich Nutzer und Entwickler gemeinsam austauschen. Sind dort viele Aktivitäten sichtbar und handelt es sich um eine lebhafte Community mit vielen Beteiligten, stehen die Chancen gut, dass etwaige eigene Fragen zeitnah beantwortet werden. In der Tabelle werden für die im Forum genutzte Sprachen Deutsch (DE), Englisch (EN) und Französisch (FR) aufgeführt und die Aktivität von + + (sehr aktiv) bis - - (komplett inaktiv) bewertet.

Die Existenz eines **deutschsprachigen Forums** ermöglicht einen direkteren Austausch der jeweiligen lokalen Nutzer und oft werden auch lokale Besonderheiten, z.B. zu offiziellen Anforderungen etwa der Finanzverwaltung etc. diskutiert. Meist ist die Zahl der Beiträge aber deutlich niedriger als in englischsprachigen Foren.

Bei der kommerziellen Nutzung von Open Source ERP-Lösungen in Deutschland mit entsprechenden Anforderungen kann ggf. ein **deutscher kommerzieller Service-Provider** hilfreiche Unterstützung bieten. Wer dies wünscht, sollte bereits bei der Auswahl des Open Source Projekts darauf achten, welche Unternehmen ihre Dienste anbieten.

Open Source wird in der Regel in einem sogenannten **Repository** öffentlich zugänglich abgelegt. Über dieses Repository wird die Zusammenarbeit im Rahmen der Weiterentwicklung organisiert. Der Source Code wird über ein Versionsmanagementsystem verwaltet. Um eine Beteiligung von Entwicklern möglichst einfach und damit attraktiv zu machen, bietet es sich an, den mit Abstand dominierenden Standard git einzusetzen, wie auch in der Tabelle 4 ersichtlich wird. Alternativen sind funktional zwar ähnlich, erfordern aber für viele einen zusätzlichen Aufwand und schränken daher eine mögliche Beteiligung am Projekt ein.

Über **Issues** werden Fehler und Weiterentwicklungswünsche (Feature Requests) eines Projekts erfasst und koordiniert. Für die Verwaltung kommen verschiedene sog. Issue-Tracker zum Einsatz. In der Regel sind sie offen gestaltet, so dass jeder neue Beiträge und Kommentare zu bestehenden Issues beitragen kann. Sind die Issues nicht öffentlich, wird eine mögliche Zusammenarbeit einer Community erheblich eingeschränkt.

Die **Anzahl an offenen/geschlossenen Issues** kann als grober Gradmesser für den Umfang an Aktivitäten eines Projektes gesehen werden. Ist die Anzahl vergleichsweise niedrig und/oder liegt das jüngste Issue bereits länger zurück, deutet dies auf niedrige Aktivitäten im Projekt hin und sollte bei der Betrachtung der Zukunftssicherheit berücksichtigt werden.

ERP System	Monatl. Contributors	Forum	Deutsch-sprachiges Forum	Deutsche Service Provider	Repository	Lösung zur Verwaltung von	Issues off./ geschl. letztes
ADempiere	n/a	EN -- letzter von 2017	nein	ja	Git (GitHub)	GitHub	493/ 2011
Apache OFBiz	n/a	EN +	nein	ja	Git (GitHub)	Jira	1562/ 11018
Axelor	10	EN + FR o	nein	nein	Git (GitHub)	GitHub	73/ 28 Dez. 2021
BlueSeer	1	kein Forum	nein	nein	Git (GitHub)	GitHub	2/ 28
Dolibarr	50	FR ++ EN + DE o	ja	ja	Git (GitHub)	GitHub	920/ 4799
ERP5	n/a	EN -- 2 Beiträge in 2021	nein	ja (nur Nexedi)	Git (GitHub)	nicht öffentlich	nicht öffentlich
ERPNext	50	EN ++ DE -	ja	ja	Git (GitHub)	GitHub	2029/ 10595
Flectra	4 (letzte Info aus	EN -	nein	nein	Git (GitLab)	GitLab	9/ 331
FrontAccounting	n/a	EN +	nein	nein	Git (selbst gehostet)	GitHub	14/ 6 Okt. 2021
iDempiere	9	EN + DE -	ja, aber fast inaktiv (1/Monat)	ja	Git (GitHub)	Jira	572/ ?
kivitendo	5	DE o	ja (nur)	ja	Git (GitHub)	Redmine Issues	225/ 264
LedgerSMB	3	(Mailing Listen) EN -	nein	nein	Git (GitHub)	Github	173/ 1250
metasfresh	15	EN/DE o	im Gesamt-forum	ja (nur metas GmbH)	Git (GitHub)	GitHub	2185/ 2684
Nuclos	6	DE -	ja (nur)	ja (nur Novabit GmbH)	Git (bitbucket)	Jira	
Odoo Community Edition	70	EN ++	nein	ja (für die kommerz. Version)	Git (GitHub)	GitHub	2160/ 12678
Tryton	8	EN +	int. Forum nutzen (mehr-	ja	Mercurial (hg.tryton.o	Roundup Issue	888/ ?

Tabelle 4 – Projekt-Community

3.3 Komplexität des Installationsverfahrens und Zielgruppen der Lösungen

Die Lösungen können mit sehr unterschiedlicher IT-Expertise der nutzenden Unternehmen verwendet werden und es lohnt sich, vorab genau zu überlegen, welchen technischen Aufwand man investieren möchte. Je nach gewünschter Vorgehensweise kann die Liste der in Frage kommenden Systeme sehr unterschiedlich aussehen. In der Übersicht in Tabelle 5 werden die folgenden Kriterien betrachtet:

Die **Installation** der Systeme ist unterschiedlich komplex und auf unterschiedliche Zielgruppen ausgerichtet. Manche Projekte sehen vor, dass die Installation auch durch technisch wenig versierte Nutzer erfolgt, bei anderen erfordert die Installation umfangreiche manuelle Arbeiten auf der Kommandozeile und richtet sich hauptsächlich an Systemintegratoren, die mit entsprechendem technischen Know-How die erforderlichen Arbeiten vornehmen können.

Mit dem Aufkommen der Container-Technologie (Docker, Kubernetes etc.) bieten manche Projekte auch einen fertig zur Installation vorbereiteten Container an. Dieser Trend ist zweischneidig: Auch bei komplexen Installationsanforderungen in Bezug auf die eigesetzten Komponenten und deren Einrichtung lässt sich auf dieser Basis eine Lösung schnell in Betrieb nehmen. Allerdings ist sie ohne detailliertes Know-How eine Black Box und der Nutzer ist ohne Chance, selbst Eingriffe vorzunehmen. Ist z.B. aufgrund einer Sicherheitslücke ein Update des Linux-Betriebssystems im Container erforderlich, müsste man entweder den gesamten Container selbst neu bauen – oder man ist davon abhängig, dass das Projekt zeitnah eine neue Version liefert.

Bei Projekten, die sich an nicht-technische Anwender richten, stellen Service-Provider auf Basis des Open Source-Projektes eine ERP-Lösung in der Cloud als **Software-as-a-Service (SaaS)** zur Verfügung. Gegen ein Nutzungsentgelt lässt sich so ein System ganz ohne Installationsaufwand und eigenen Aufwand für das Hosting einsetzen. Es sind aber auch nationale Regelungen zu berücksichtigen, wie die zu zulässigen Speicherorten für die eigene Buchhaltung sowie die Berücksichtigung der Anforderungen an den Datenschutz, da in einem ERP-System auch personenbezogene Daten abgelegt werden. Aufgeführt sind Projekte, bei denen SaaS-Angebote auf der Projekt-Homepage aufgeführt sind.

Eine weitere Zielgruppe sind **IT-affine Anwender**, die über ein gewisses Maß an technischem Wissen verfügen und das System auf einem eigenen Server betreiben möchten. So können sie selbst technische Anpassungen an der Lösung vornehmen oder sie mit vorhandenen anderen Systemen integrieren.

Man sollte sich dann für ein System entscheiden, in das man sich mit vertretbarem Aufwand technisch einarbeiten kann. Es ist zudem hilfreich, wenn der Installationsprozess überschaubar gehalten ist und mit GUI-Unterstützung erfolgen kann. Es gibt die Verlockung, Docker-basierte Lösungen zu nutzen. Diese aufzusetzen ist auf den ersten Blick selbst für komplexere Systeme sehr unkompliziert. Diese Lösungen aber im Detail zu verstehen und auch im Fehlerfall zu beherrschen, erfordert sehr tiefgehende Kenntnisse.

Und schließlich gibt es die Möglichkeit, die **Betreuung der Installation über einen Service Provider** durchzuführen. In diesem Fall braucht der Endanwender keine eigenen technischen Kenntnisse und erwirbt die Betreuungsleistung von einem kommerziellen Anbieter. Bei vielen Open Source Projekten bieten unabhängige Service Provider ihre kostenpflichtige Unterstützung an. Im Idealfall kann der Nutzer seinen Dienstleister unter mehreren Angeboten frei wählen. Auf diese Weise können auch individuelle Anpassungen ohne eigenen IT-Aufwand realisieren werden. Möchte man diesen Weg gehen, sollte man sich informieren, welche Anbieter für die konkreten Bedürfnisse in Frage kommen, insbesondere wenn es um nationale Besonderheiten wie im Bereich der Buchhaltung geht. In Bezug auf diese Problemstellungen haben Anbieter, die im selben Land ansässig sind, oft einen Vorteil.

ERP System	Installation	Zielgruppe SaaS-Nutzer	Zielgruppe IT-affine Nutzer, selbst gemanagte Installat.	Betreuung der Installation über Service Provider
ADempiere	aufwendiger manueller Prozess, Script-basierte Konfiguration	nein	bedingt	ja
Apache OFBiz	aufwendiger manueller Prozess, Konfiguration über XML-Dateien	nein	ja	ja
Axelor	aufwendiger manueller Prozess, Konfiguration über Text-Datei	nein	bedingt	ja
BlueSeer	Datei auf Rechner entpacken, UI-basierte Konfiguration	nein	ja	nein
Dolibarr	Datei auf Server entpacken, UI-basierte Konfiguration	ja (Dolicloud und andere Provider)	ja	ja
ERP5	Installer (Zeitaufwand für Compilieren: mehrere Stunden)	2008: "free for life-time", Angebot nicht mehr	bedingt, Fokus auf Großkunden	ja
ERPNext	Entweder Container oder sehr aufwendige manuelle Installation mit veralteter Dokumentation	ja	bedingt, Installation schwierig, kein Easy-Script mehr verfügbar	ja
Flectra	Installer auf Server starten, Konfiguration über Text-Datei	ja - Bepreisung pro Nutzer und Modul	ja, aber Migration auf neuere Versionen nicht offiziell	Partnerfirmen für die kostenpflicht-ige Pro-Version
FrontAccounting	Datei auf Server entpacken, UI-basierte Konfiguration	nein	ja	ja
iDempiere	Installer auf dem Server entpacken, UI-basierte Konfiguration	nein	bedingt	ja
kivitendo	Datei auf Server entpacken, Konfiguration über Text-Datei	nein (Kundenserver mietbar)	ja	ja
LedgerSMB	Installation über Docker-Container oder aufwendiger manueller Prozess	nein	ja	ja
metasfresh	Installation über Docker-Container mit Konfig. über yml-Datei oder Installer für ältere Ubuntu Vers.	ja	bedingt	ja
Nuclos	Installer auf dem Server starten, UI-basierte Konfiguration	Eine zu erstellende Lösung kann als SaaS realisiert	bedingt	ja
Odoo Community Edition	Datei auf Server entpacken, Konfiguration über Text-Datei	nein	ja, aber Migration auf neuere Versionen nicht offiziell	Partnerfirmen für kostenpflichtige Enterprise-Version
Tryton	Package für Tryton und jedes Modul installieren, Konfiguration über Text-Datei	nein, aber Service Provider in der Schweiz	bedingt	ja

Tabelle 5 – Installationsverfahren und Zielgruppen der Lösung

3.4 Dokumentation für Anwender und Entwickler

Das Vorliegen einer brauchbaren Dokumentation ist wichtig, um ein komplexes System wie ein ERP-System schnell zu verstehen und richtig zu bedienen. Die Übersicht zur Dokumentation der ERP-Systeme ist in Tabelle 6 dargestellt. Es ist jeweils ein Hinweis zur Sprache der Dokumentation angegeben:1 EN steht für Englisch, DE für Deutsch. Die Übersicht geht auf die folgenden Aspekte ein:

Die Spalte zur **Anwender-Dokumentation** beschreibt, wie umfassend die Dokumentation für die Endnutzer des Systems ist, d.h. für diejenigen Mitarbeiter, die die fachlichen Funktionen nutzen. Zu beachten ist, dass die Dokumentation in den meisten Fällen in englischer Sprache vorliegt.

Die **Entwickler-Dokumentation** ist besonders für diejenigen interessant ist, die selbst Modifikationen und Ergänzungen des Systems vornehmen möchten. Das Vorliegen einer brauchbaren Dokumentation ist eine wichtige Ausgangsbasis für einen schnellen Zugang zum System. Auch hier ist die Dokumentation überwiegend in Englisch verfügbar.

Erfolgt die Arbeit an der **Dokumentation als Wiki und unter Beteiligung der Community,** dann ist es jedem Interessierten ohne große Hürden möglich in der Dokumentation Einträge zu korrigieren und zu ergänzen. Ein Wiki ist ein gutes Indiz für ein Projekt, das sich als Gemeinschaftsaufgabe versteht, bei der jeder seinen Beitrag leisten kann.

ERP System	Anwender-Dokumentation	Entwickler-Dokumentation	Dokumentation als Wiki mit Community-Beteiligung
ADempiere	gut (EN)	gut (EN)	ja
Apache OFBiz	gut (EN)	gut (EN)	ja
Axelor	gut (EN)	gut (EN)	nein
BlueSeer	gut (EN)	nein, nur Setup	nein
Dolibarr	gut (Wiki und Videos in EN, tlw. auch DE)	gut (Wiki in EN, tlw. in DE; Doxygen-Dokumentation in EN)	ja
ERP5	Tutorials	wenig strukturiert	nein
ERPNext	gut (EN)	gut (EN)	ja
Flectra	gut (EN)	gut (EN)	nein
FrontAccounting	durchschnittlich (EN Wiki)	nur API-fokussiert	ja
iDempiere	durchschnittlich (EN)	wenig strukturiert	ja
kivitendo	gut (DE)	gut (DE)	nein (nicht mehr verfügbar)
LedgerSMB	Handbuch als PDF (EN), sehr umfangreich aber 10 Jahre alt	Überblick auf Website (EN)	nein
metasfresh	gut (DE, EN)	gut (EN)	nein
Nuclos	gut (DE Wiki)	gut (DE Wiki)	ja
Odoo Community Edition	gut (EN)	gut (EN)	nein, kein offizielles (es gibt Wikis, tlw. kostenpflichtig, von Fremdanbietern)
Tryton	durchschnittlich (EN)	wenig strukturiert (EN)	nein

Tabelle 6 – Dokumentation

4 Analysekategorie II: Unterstützter Funktionsumfang

Beim Funktionsumfang gibt es zwischen den verschiedenen Lösungen erhebliche Unterschiede. Manche Projekte fokussieren sich auf die Kernfunktionen eines ERP in der Absicht, diese möglichst zu optimieren. Bei anderen Projekten hat eine möglichst breite Abdeckung an Funktionen eine höhere Priorität, um den Nutzern ein leistungsstarkes Werkzeug für den Großteil ihrer Aufgaben zur Verfügung zu stellen.

Es ist auf den ersten Blick naheliegend, nur den aktuellen Bedarf an benötigten Funktionen festzulegen. Selbst wenn diese momentan mit den klassischen ERP-Funktionen abgedeckt werden (Angebote, Aufträge, Rechnungen etc.), bleibt aber zu überlegen, inwieweit sich in der Zukunft ein erweiterter Bedarf ergeben wird.

Meist ist die Einführung des ERP-Systems nur der erste Schritt in die Digitalisierung und der Bedarf an weiteren innovativen Unterstützungsfunktionen steigt im Laufe der Zeit bzw. werden diese eventuell auch von den Kunden erwartet. Als Beispiel kann das einfache Bezahlen einer Rechnung mittels eines Links dienen. Es kann daher zumindest nicht schaden, wenn der gebotene Funktionsumfang den heutigen Bedarf deutlich übersteigt, insbesondere, wenn nicht benötigte Funktionen bei der Konfiguration abgeschaltet werden können, so dass sie die Benutzerschnittstelle nicht unübersichtlich machen.

Wer als kleineres Unternehmen an den zusätzlichen Funktionen Interesse hat, ist mit den breiter aufgestellten Lösungen meist besser beraten als mit der Verwendung separater Lösungen. Sofern der Einsatz zusätzlicher Systeme vermieden werden kann, entfallen Installations- und Pflegeaufwände und die Interoperabilität zwischen den integrierten Modulen ist meist gut. Dafür ist der Funktionsumfang im Allgemeinen etwas eingeschränkter, als dies bei spezialisierten Einzellösungen der Fall ist.

Unternehmen mit besonders hohen Anforderungen an die Kernfunktionen, z.B. produzierendes Gewerbe mit aufwendigen Produktionsabläufen und großen Datenmengen, werden den Fokus hingegen eher auf eine besonders hohe Leistungsfähigkeit in diesem Bereich legen. Zusatzfunktionen wie z.B. ein Helpdesk werden in diesem Umfeld üblicherweise ohnehin mit spezialisierten Lösungen separat realisiert.

Grundsätzlich lassen sich die Funktionen eines ERP-Systems nicht ausschließlich mit einer Checkliste abgleichen. Der Umfang einer Funktion kann sich zwischen den einzelnen Lösungen deutlich unterscheiden. Es kann auch Besonderheiten im eigenen Geschäftsprozess geben, die sich nicht in allen Lösungen gleich gut abbilden lassen, z.B. besondere Genehmigungsschritte oder Zugriffsberechtigungen. Und letztlich spielt auch das subjektive Gefühl bei der Bedienung der Lösungen eine Rolle.

4.1 Klassische ERP-Funktionen

Die klassischen ERP-Funktionalitäten decken typische Unternehmensprozesse rund um Kunden, Lieferanten, Lagerhaltung, Produktion etc. ab. In Tabelle 7 werden die Open Source ERP-Systeme einander gegenübergestellt. Grundsätzlich sind die Anforderungen oft so individuell geprägt, und die Funktionsumfänge der Systeme im Detail so verschieden, dass neben dieser Übersicht eine detaillierte Begutachtung der jeweiligen Umsetzung unerlässlich ist.

Im Bereich **Kunden** wird typischerweise der gesamte Ablauf von der Erstellung von Angeboten über die Verwaltung von Aufträgen, die Erstellung von Rechnungen und die Verbuchung eingehender Zahlungen etc. abgebildet.

Der Bereich **Lieferanten** reicht von Preisanfragen und Lieferantenbestellungen bis zur Erfassung und Begleichung der Lieferantenrechnungen.

Die **Warenwirtschaft** umfasst Wareneingänge, Warenausgänge im Rahmen von Lieferungen, die Verwaltung von Warenlagern und internen Warenbewegungen, die Durchführung von Inventuren mit Bestandskorrekturen etc.

Die **Buchhaltung** ermöglicht die Aufzeichnung der Finanztransaktionen und wird teilweise als einfache oder doppelte Buchführung angeboten. Es hängt von den genauen Umständen des Einzelfalls ab, inwieweit es gelingt, die jeweiligen nationalen Anforderungen an diesen Bereich einzuhalten. Im Zweifel sollte ein Steuerberater hinzugezogen werden und ggf. eine zusätzliche Software als führendes System genutzt werden, in das die Buchungsdaten aus dem ERP-System exportiert werden.

Dem Bereich **Produktion** werden Produktionsaufträge (Manufacturing Orders, MO) für die Produktion von Waren sowie Stücklisten (Bill of Materials, BOM) für die Erfassung der hierzu benötigten Komponenten zugeordnet. Auch in diesem Bereich gilt, dass basierend auf den konkreten Anforderungen zu prüfen ist, mit welchem Aufwand sich diese im jeweiligen System realisieren lassen.

Über **HR** (Human Resources) werden Personalverwaltungsthemen wie Urlaubsverwaltung, die Abrechnung von Spesen und teilweise sogar die Ausschreibung und Besetzung neuer Stellen gemanagt.

Schließlich bieten **Projekte** je nach Lösung eine Möglichkeit, z.B. Zeitaufwände zu erfassen und in Rechnung zu stellen oder alle zu einem Projekt gehörenden Dokumente wie Angebote, Verträge, Bestellungen etc. zusammenfassend darzustellen. Gerade bei diesem Thema gibt es eine sehr breite und unterschiedliche Interpretation zwischen den Lösungen, die sich nicht durch eine einfache Checkliste abbilden lässt.

ERP System	Kunden z.B. Auftrag,	Lieferanten z.B. Bestellungen	Waren-wirtschaft z.B. Lager	Buch-haltung	Produktion z.B. MO, BOM	HR z.B. Urlaub	Projekte
ADempiere	ja	ja	ja	ja	ja	ja	ja
Apache OFBiz	ja	ja	ja	ja	ja	ja	ja
Axelor	ja	ja	ja	ja	ja	ja	ja
BlueSeer	ja	ja	ja	ja	ja	nein	nein
Dolibarr	ja	ja	ja	ja	ja	ja	ja
ERP5	ja	ja	ja	ja	ja	ja	nein
ERPNext	ja	ja	ja	ja	ja	ja	ja
Flectra	ja	ja	ja	ja	ja	ja	ja
FrontAccounting	ja	ja	ja	ja	ja	nein	nein
iDempiere	ja	ja	ja	ja	ja	ja	ja
kivitendo	ja	ja	ja	ja	nein	nein	nein
LedgerSMB	ja	ja	ja	ja	nein	nein	nein
metasfresh	ja	ja	ja	ja	ja	nein	nein
Nuclos	ja	ja	ja	nein	nein	nein	nein
Odoo Community Edition	ja	ja	ja	nein	ja (eingeschr.)	ja	ja
Tryton	ja	ja	ja	ja	ja	nein	ja

Tabelle 7 – Klassische ERP-Funktionen

4.2 Weitere ERP-Funktionen

Neben die klassischen ERP-Funktionen treten heute oft direkt in die Lösungen integrierte Zusatzfunktionen. Diese ergänzen die ERP-Systeme um Funktionen für spezielle Anwendungsfälle und bieten oft auch zusätzliche Schnittstellen zu den Kunden, um eine engere Interaktion zu ermöglichen.

Für viele dieser Zusatzfunktionen gibt es am Markt eigenständige Systeme, die oft einen noch größeren Funktionsumfang und eine höhere Leistungsfähigkeit haben. Sofern die in den ERP-Systemen gebotenen Möglichkeiten ausreichen, haben diese den Vorteil, dass sie nahtlos integriert und einfach zu verwenden sind.

In Tabelle 8 werden einige der erweiterten Funktionen zusammenfassend dargestellt. Es wird dabei deutlich, welche der Projekte sich eher auf den klassischen Anwendungsbereich fokussieren und welche sich breiter ausrichten. Betrachtet wurden in der Übersicht exemplarisch die folgenden Funktionen:

So ist die Funktion **Veranstaltungsorganisation** eine spezielle Variante eines Projekts, mit dem Online- oder Offline-Veranstaltungen incl. Referenten, Ausstellungsständen und Besucheranmeldungen geplant und verwaltet werden können. Hierbei ist nicht nur an große Konferenzen zu denken; auch einfache Webinare können über diese Funktion koordiniert angeboten werden.

Auch die besonderen Anforderungen für die Verwaltung von **Vereinen und Mitgliedschaften** werden von einigen Lösungen unterstützt. So können Mitglieder erfasst und die Laufzeiten von Mitgliedschaften verwaltet werden. Für die finanziellen Belange kommen dann die üblichen ERP-Funktionen für die Abrechnung der Zahlung und die Rechnungsstellung zum Einsatz.

Möchte man Kundenanfragen strukturiert bearbeiten, git es **Support-Ticket- bzw. Helpdesk-Funktionen**. Jeder Anfrage wird ein Ticket zugeordnet und der Bearbeitungsverlauf wird im Ticket protokolliert. Teils gibt es sogar Self-service Möglichkeiten für die Kunden, die z.B. über ein Portal ein Ticket eröffnen und den Bearbeitungsstatus einsehen können.

Unter dem Begriff **Point of Sale** findet sich die Unterstützung durch eine Kassenlösung, die nahtlos an das ERP-System inkl. Lagerverwaltung angebunden ist. Auch für Restaurants können solche Lösungen für die Erfassung und Bearbeitung von Kundenbestellungen genutzt werden. Für einen Einsatz in Deutschland ist zusätzlich zu prüfen, wie die Anforderung einer „Technischen Sicherungseinrichtung" (TSE) umsetzbar ist, da die Finanzbehörden hier sehr konkrete technische Systeme vorschreiben, die Manipulationen verhindern sollen.

Ein **Content Management System (CMS)** stellt den Inhalt von Webseiten bereit. Häufig werden dazu Applikationen wie WordPress, Joomla oder Drupal eingesetzt. Sofern etwas technisches Verständnis für die Konfiguration von Webservern vorhanden ist, kann auch die Nutzung von Lösungen attraktiv sein, die im ERP-System integriert sind.

Manche ERP-Lösungen unterstützen sogar die Verwaltung mehrerer Landingpages, die für verschiedene Produkte oder Aktionen einsetzbar sind. Auch können Daten aus dem ERP-System unkompliziert direkt auf den Seiten dargestellt werden.

Abzuwägen ist allerdings, dass sich nur wenige Web-Agenturen finden lassen, die Erfahrung mit den CMS-Funktionen der ERP-Systeme haben, so dass es schwieriger sein wird, Unterstützung für die gestalterischen Aspekte zu bekommen, als dies bei den aufgeführten CMS-Standardsystemen der Fall ist.

Einige ERP-Lösungen unterstützen mit einem integrierten Einkaufwagen sogar eine einfache Version von **eCommerce**. Werden keine besonders hohen Ansprüche gestellt, sind die direkt integrierten Lösungen vom Handling deutlich einfacher als die Anbindung externer Shop-Systeme mit einem zu konfigurierenden Datenaustausch zwischen den Systemen. Auch bei den Shop-Systemen gilt, dass die verbreiteten Standardlösungen die größere Leistungsfähigkeit aufweisen und eine sinnvolle Entscheidung nur unter Betrachtung des Einzelfalls erfolgen kann.

ERP System	Veranstaltungsorganisation	Lösung für Vereine (Mitglieder)	Helpdesk / Support-Tickets	E-Mail-Kampagnen	Point of Sale	CMS	eCommerce
ADempiere	nein	nein	nein	nein		nein	nein
Apache OFBiz	nein	nein	nein	nein	ja	ja	nein
Axelor	nein	nein	ja	ja	nein	nein	nein
BlueSeer	nein	nein	nein	nein	nein	nein	nein
Dolibarr	ja	ja	ja	ja	ja	ja	nein
ERP5	nein	nein	nein	nein	ja	ja	ja
ERPNext	nein	ja	ja	ja	ja	ja	ja
Flectra	ja	ja	ja	ja	ja	ja	ja
FrontAccounting	nein	nein	nein	nein	nein	nein	nein
iDempiere	nein	nein	nein	nein	nein	nein	nein
kivitendo	nein	nein	nein	nein	nein	nein	nein
LedgerSMB	nein	nein	nein	nein	nein	nein	nein
metasfresh	ja	ja	nein	nein	nein	nein	nein
Nuclos	nein	nein	nein	nein	nein	nein	nein
Odoo Community Edition	nein	nein	nein	ja	ja	ja	ja
Tryton	nein	nein	nein	nein	nein	nein	nein

Tabelle 8 – Weitere ERP-Funktionen

4.3 Funktionen als Content Management System

Die Integration eines eigenen Content Management Systems in die ERP-Lösung ist nicht sehr verbreitet. Nutzern ohne technische Ambitionen kann eher zur Verwendung einer der verbreiteten Standardlösungen wie WordPress, Joomla oder Drupal geraten werden. Ein integriertes System hat aber den Vorteil einer viel direkteren Anbindung an die Datenbestände des ERP-Systems. Je nach Konstellationen ist die Nutzung der integrierten Lösung erwägenswert, wenn alle benötigten Funktionen vorhanden sind. Eine entsprechende Übersicht findet sich in der folgenden Tabelle 9. Im Einzelnen werden die folgenden Funktionen betrachtet:

Oft ist die **Firmenwebsite** die wichtigste mit dem CMS zu realisierende Website. Sie umfasst sämtliche Inhalte, die unter einer Internet-Domain abgerufen werden.

Für Unternehmen ist auch die integrierte Unterstützung produkt- oder kampagnenbezogene Spezialseiten als Landingpages mit Inhalten unter individuellen Domains (**Multi-Domain)** von Interesse. Diese Inhalte sind jeweils unter einer eigenen URL, die unabhängig von der Firmenadresse ist, erreichbar.

Stand der Technik ist eine Verschlüsselung der Verbindung zur Website, die über **SSL-Zertifikate** gesichert wird. Für reguläre Webseiten werden diese oft kostenlos per Let's Encrypt erzeugt. Dies kann entweder aus dem ERP-System angestoßen werden, oder es wird auf einen entsprechend konfigurierten Apache Webserver zurückgegriffen.

Ein **Page-Builder** hilft dabei, Webseiten komfortabler zu erstellen als mit der direkten Bearbeitung von html/css-Code. Oft geschieht dies per Drag-and-Drop, also über die Maus. Die Erwartungen an die integrierten Varianten sollten aber nicht zu hoch sein.

Für die Interaktion mit Kunden ist ein **Customer Portal**, ggf. gesichert durch Login, interessant. Dort können Informationen aus dem ERP-System bereitgestellt werden oder zusätzliche Funktionen wie die Erstellung und Verwaltung von Support-Tickets oder die Registrierung für Mitgliedschaften angeboten werden.

Sollen einfache Verkäufe über die Website erfolgen, ist eine **eCommerce/Shopping Cart**-Funktion mit einer integrierten Bezahlmöglichkeit erforderlich.

Schließlich kann ebenfalls von Interesse sein, inwieweit **Inhalte für Abonnenten** exklusiv verfügbar gemacht werden sollen. Dies ist mit den bestehenden Lösungen derzeit nicht ohne zusätzlichen Aufwand möglich.

ERP System	Firmen-Website	Multi-Domain	SSL-Zertifikate/ Let's Encrypt	Page-Builder	Kunden-portal mit Login	eCommerce/ Shopping Cart	Inhalte für Abonenten
ADempiere	nein	nein	nein	nein	nein	nein	nein
Apache OFBiz	nein	nein	nein	nein	nein	Ja	nein
Axelor	nein	nein	nein	nein	nein	nein	nein
BlueSeer	nein	nein	nein	nein	nein	nein	nein
Dolibarr	ja	ja (über Apache)	ja (über Apache)	ja (einfach, php-Progr. erforderl.)	tlw. (z.B. Ticketing, ERP-Funkt.)	nein	mit php-Programmie-rung
ERP5	nein	nein	nein	nein	nein	nein	nein
ERPNext	ja	nur per JS	ja	ja (einfach)	ja	ja	nein
Flectra	ja	ja	ja	ja	ja	ja	nein
FrontAccounting	nein	nein	nein	nein	nein	nein	nein
iDempiere	nein	nein	nein	nein	nein	nein	nein
kivitendo	nein	nein	nein	nein	nein	nein	nein
LedgerSMB	nein	nein	nein	nein	nein	nein	nein
metasfresh	nein	nein	nein	nein	nein	nein	nein
Nuclos	nein	nein	nein	nein	nein	nein	nein
Odoo Community Edition	ja	ja	ja	ja	ja	ja	nein
Tryton	(Flask Plugin Flask-	nein	ja (über Apache)	nein	web_user auth	nein	nein

Tabelle 9 – Content Management Funktionen

4.4 Bank- und Payment-Integration

Die Integration von Payment-Dienstleistern und Banken hat verschiedene Facetten. Zum einen betrifft dies die Interaktion mit den eigenen Kunden, denen die einfache Bezahlung erfasster Rechnungen ermöglicht wird, meist per Lastschrift oder Kreditkarte. Zum anderen berührt dieser Bereich die Buchhaltung und den Import der Daten aus dem Geschäftskonto, die mit den internen Buchungsdaten abgeglichen werden sollen. Eine Übersicht ist in Tabelle 10 dargestellt.

Um Kunden durch das ERP-System Zahlungsmöglichkeiten anzubieten, ist die Integration von **Zahlungsmethoden** erforderlich. Die Abrechnung erfolgt oft nicht mit einer Bank, sondern die Abwicklung der gesamten Transaktion wird von einem Zahlungsdienstleister übernommen.

Als besonders flexibel und vergleichsweise kostengünstig hat sich der Zahlungsdienstleister **Stripe** erwiesen, der sowohl Kreditkarten-Transaktionen abwickelt als auch andere Zahlungsmethoden unterstützt. Daher wird die Unterstützung dieses Anbieters in einer eigenen Tabellenspalte dargestellt.

Sofern Besucher der Website direkt Vorgänge wie die Registrierung für eine Mitgliedschaft vornehmen können, kann Ihnen ein **direktes Online-Payment** für diese Transaktion angeboten werden, um die Leistung sofort zu bezahlen.

Sollen Kunden per **SEPA-Lastschrifteinzug** zahlen, muss dies vom System entsprechend unterstützt werden. In diesem Fall erfolgt die Abwicklung oft direkt über die Bank des Verkäufers.

Bei manchen Lösungen ist es möglich, **Online-Payments für Rechnungen** anzubieten. Über einen Link auf der Rechnung, die meist als PDF versendet wird, wird der Kunde direkt auf ein Zahlungsportal des ERP-Systems geleitet, um dort die Bezahlung unkompliziert sofort vorzunehmen.

Insbesondere für die Erfassung von Transaktionen auf dem Bankkonto, wie z.B. Zahlungseingänge, ist eine Schnittstelle für **den Datenimport von Buchungsinformationen** erforderlich. Ein häufiges von Banken eingesetztes Format trägt die Bezeichnung MT940.

ERP System	Zahlungs-methoden (Auswahl)	Stripe Payments	direktes Online Payment	SEPA-Einzug	Online-Payment für Rechnungen	Schnittstelle zur Bank für Datenimport
ADempiere	nein	nein	nein	nein	nein	nein
Apache OFBiz	nein	nein	nein	nein	nein	nein
Axelor	nein	nein	nein	nein	nein	nein
BlueSeer	nein	nein	nein	nein	nein	nein
Dolibarr	Paypal, Stripe, SEPA	ja	ja	ja	ja	generischer Import-Assistent, spez. Lösung in Arbeit
ERP5	nein	nein	nein	nein	nein	nein
ERPNext	Paypal, Stripe	ja	ja	nein	ja	ja
Flectra	Stripe Paypal	ja	ja	ja (Community)	ja	ja (Community)
FrontAccounting	nein	nein	nein	nein	nein	allgemeines Import-Modul
iDempiere	nein	nein	nein	nein	nein	ja
kivitendo	nein	nein	nein	ja	nein	MT940
LedgerSMB	nein	nein	nein	nein	nein	OFX-Format
metasfresh	nein	nein	nein	nein	nein	ja
Nuclos	nein	nein	nein	nein	nein	MT940
Odoo Community Edition	Stripe Paypal	ja	ja	ja	ja	Community-Modul, offiziell in Enterpr. Edition
Tryton	Stripe, SEPA	ja	nein	ja	ja	diverse, aber kein MT940

Tabelle 10 – Bank- und Payment-Integration

5 Analysekategorie III: Technische Eigenschaften

Die betrachteten Open Source ERP-Systeme basieren auf unterschiedlichen Software-Technologien, die erhebliche Implikationen für die Integration und Anpassung der Lösung haben. Architektonisch wird bei den meisten Systemen zwischen dem Backend, das die Funktionen des Systems bereitstellt, und dem Frontend, über das der Nutzer das System bedient, unterschieden.

Die Berücksichtigung der technischen Kriterien wird besonders wichtig, wenn geplant ist, die Lösungen mit eigenen Ressourcen weiterzuentwickeln. Sofern z.B. eine bestimmte Programmiersprache ohnehin genutzt wird, kann das den Ausschlag dafür geben, ein System zu wählen, dass mit dieser Programmiersprache erstellt wurde.

5.1 Backend – das System auf dem Server

Die wesentlichen Eckpunkte zum Themenbereich Backend werden in Tabelle 11 aufgeführt. In den Spalten werden die folgenden Aspekte vergleichend dargestellt:

In der Regel handelt es sich bei den ERP-Systeme um eine Server-Applikation. Für deren Erstellung können unterschiedliche Programmiersprachen und Systemumgebungen zum Einsatz kommen. Die in den Projekten genutzten **Programmiersprachen** sind PHP, Perl, Python und Java:

- PHP

  PHP ist eine im Web entstandene und in diesem Kontext bereits sehr lange eingesetzte Programmiersprache, die nach wie vor eine hohe Bedeutung hat. Dies nicht zuletzt, weil wesentliche Content Management Systeme (z.B. WordPress, Joomla oder Drupal) in PHP erstellt sind. Es handelt sich um eine interpretierte Programmiersprache. Die gängigen Webserver (z.B. Apache, Nginx) sind in der Lage, den hinterlegten Sourcecode direkt auszuführen, sofern PHP ordnungsgemäß installiert ist.

  Eine Installation von Programmen und Modulen erfordert lediglich das Kopieren der Dateien mit dem Sourcecode in die für die Ausführung vorgesehenen Verzeichnisse. Anpassungen und Modifikationen können direkt im Sourcecode vorgenommen werden und sind sofort wirksam. Neben einem Texteditor wird keine Entwicklungsumgebung benötigt.

- Perl

  Perl wird sowohl für Webanwendungen als auch in der Finanzwelt eingesetzt. Der Programmcode wird bei der Ausführung ebenfalls interpretiert und erfordert daher keinen Compiler. Änderungen am Quellcode können entsprechend schnell vorgenommen werden.

- Python

  Python ist eine ursprünglich zu Lehrzwecken entwickelte Programmiersprache, die nicht zuletzt aufgrund der einfachen Erlernbarkeit und Ihrer Verwendung für populäre Web-Frameworks (z.B. Django) eine hohe Relevanz im Bereich des Web hat. Wie PHP und Perl, so ist auch Python eine interpretierte Programmiersprache, die keinen Compiler benötigt.

- Java

  Java ist eine in der Unternehmenswelt verbreitete Programmiersprache, die im Bereich des Web für Backend Anwendungen ebenfalls häufig eingesetzt wird. Es handelt sich um eine compilierte Sprache, die auf einer virtuellen Maschine ausgeführt wird. Für den Einsatz als Web-Backend wird zudem ein Application Server benötigt.

  Alle Änderungen am Sourcecode erfordern eine Compilierung des Projektes und ein anschließendes Deployment (Installation) auf dem Application Server. Der Vorteil des Compilierens besteht unter anderem darin, dass der Compiler einige Fehler im Quellcode frühzeitig melden kann. Nachteilig ist aber der lange Feedbackzyklus zwischen der Änderung im Quellcode und der Ausführung der resultierenden Funktionalität durch die dazwischenliegende Compilierung und das Deployment. Zudem muss für die Arbeit am Sourcecode zwingend eine passende technische Umgebung (Toolchain) installiert und konfiguriert werden.

Einige ERP-Systeme verwenden für ihre Lösung einen bestehenden **Framework**. Einerseits kann dies Vorteile bieten, da auf diese Weise etablierte Architekturen für das System zum Einsatz kommen, andererseits bringt ein Framework zusätzliche Komplexität mit sich und unterliegt einem eigenen Alterungsprozess.

Der eingesetzte **Webserver bzw. Application Server** gibt Aufschluss darüber, wie komplex die Einrichtung des Servers ist. Wird lediglich ein Apache Webserver benötigt, ist dieser oft bereits als Teil des sog. LAMP-Stacks bei vielen Hostern vorhanden. Ist ein Application Server erforderlich, wird die Einrichtung etwas aufwändiger.

Praktisch alle Systeme verwenden eine relationale **Datenbank**. Am verbreitetsten ist MySQL bzw. das kompatible und unter einer vollständig freien Lizenz stehende System MariaDB. Auch PostgreSQL wird von einigen Systemen unterstützt. Teilweise kommen kommerzielle Datenbanksysteme der Firma Oracle zum Einsatz. Exotisch ist das System ERP5 mit der Verwendung einer eigenentwickelten Datenbanktechnologie.

Für eine **Schnittstelle (API)** zur Anbindung des Systems an externe Systeme wird heute meist eine einfach zu nutzende REST-Schnittstelle verwendet. Je nach Anwendungsfall können auch andere, aufwendigere Technologien, z.B. SOAP, in Frage kommen.

Oft soll das ERP-System mit komplexen externen Systemen kommunizieren, um im Rahmen von Betriebsabläufen Daten auszutauschen, zum Beispiel mit Online-Shops, Zeiterfassungssystemen und anderen bestehenden Lösungen. Da das Spektrum an denkbaren Systemkonfigurationen in diesem Bereich sehr groß ist, ist immer eine Betrachtung des Einzelfalls notwendig. Diese sollte über die Berücksichtigung der reinen Schnittstellentechnologie hinausgehen, und die benötigten Funktionen für den gesamten Geschäftsprozess umfassen.

ERP System	Programmier-sprache	Frameworks	Webserver / Application Server	Datenbank	Schnittstelle (API) für externe
ADempiere	Java	Java EE	JBoss	PostgreSQL Oracle	SOAP
Apache OFBiz	Java	Jakarta EE	Tomcat	MySQL PostgreSQL Oracle, MSSQL	REST (teilweise)
Axelor	Java	eigener Framework: Axelor Open Platform	Tomcat	MySQL, PostgreSQL	REST
BlueSeer	Java	nein	keiner, da Desktop-Applikation	MySQL, SQLite	nein
Dolibarr	php	nein	Apache Nginx	MySQL, PostgreSQL	REST SOAP (deprec.)
ERP5	Python	eigener Framework: ERP5 GPL-Framework	"Zope Application Server"	ZODB/NEO + MySQL	REST SOAP
ERPNext	Python	eigner Framework: Frappe	Nginx	MySQL	REST
Flectra	Python	kein externer	Apache Nginx	PostgreSQL	XML-RPC
FrontAccounting	php	nein	Apache IIS Nginx	MySQL	REST
iDempiere	Java	OSGi	Jetty	PostgreSQL, Oracle	SOAP (REST per Plugin)
kivitendo	ERP in Perl CMS in PHP (2 Sprachen!)	nein	Apache	PostgrSQL	nein, REST als add-on (ext., Ruby)
LedgerSMB	Perl	nein	Apache	PostgrSQL	nein
metasfresh	Java	Spring	Spring Boot (Tomcat)	PostgreSQL	REST
Nuclos	Java	Spring	Tomcat	PostgreSQL MSSQL, DB2, Oracle, Sybase	REST
Odoo Community Edition	Python	eigener Framework: OpenObject	Apache Nginx	PostgreSQL	XML/RPC
Tryton	Python	eigener Kernel: trytond	WSGI-kompatibel: Apache, Nginx	PostgreSQL	JSON-RPC Module können REST anbieten

Tabelle 11 – Technische Daten zum Backend

5.2 Frontend – der Client und die Benutzerschnittstelle

Das Frontend wird bei den meisten Systemen im Browser angezeigt, der sich für die Anzeige der GUI etabliert hat. Sofern ein „Responsive Design" implementiert wurde, passt sich die Benutzeroberfläche an die Größe des Browser-Fensters an. In diesem Fall sind Applikationen sowohl am PC, mit einem Tablet oder über das Smartphone bedienbar, ohne dass es spezieller Clients oder Apps bedarf.

Eine Übersicht über die technischen Details der ERP-Systeme zum Themenbereich Frontend ist in Tabelle 12 dargestellt. Es werden folgende Kriterien betrachtet:

Programmiersprachen und Frontend Frameworks, die jeweils zum Einsatz kommen:

* PHP/Perl/Python

  Bei der Nutzung von PHP, Perl oder Python führt der Webserver den Programmcode aus und generiert die anzuzeigenden Webseiten als html-Code, der dann im Browser dargestellt wird. Gegebenenfalls kommen noch spezielle Bibliotheken zum Einsatz, um die Erstellung von Seiteninhalten zu vereinfachen.

* Java

  Bei der Nutzung von Java im Back-End kann serverseitig ebenfalls html-Code generiert und im Browser dargestellt werden. Meist werden für die Generierung Java Server Pages (JSP) verwendet.

* JavaScript

  Einige Open Source Projekte setzen für das Frontend auf einen eigenen Client (Single Page Application), der im Browser ausgeführt wird und vom Server lediglich Daten empfängt, die er für die Anzeige selber aufbereitet. Hierzu kommen SPA-Frameworks wie z.B. AngularJS, React oder Vue zum Einsatz.

  Zu beachten ist, dass in diesem Fall eine sehr hohe Komplexität allein für die Realisierung des Frontends anfällt mit eigener Programmiersprache, hochkomplexen Frameworks und eigenen Entwicklungs-Flows. Für den Anwendungsfall bei ERP-Systemen bietet dies aber kaum nennenswerte Vorteile gegenüber serverseitig generierten Seiten.

Je nach verwendeter Technologie für das ERP-Backend besteht grundsätzlich die Möglichkeit, für das Frontend auf dieselbe Programmiersprache zurückzugreifen, was eine deutliche Reduktion an Komplexität bedeutet. Bei Änderungen und Anpassungen im System müssen nur eine einzige Programmiersprache und eine Entwicklungsumgebung verwendet werden

Lösungen, bei denen das Backend die Benutzerschnittstelle für den Browser erzeugt, haben den Vorteil einer einfachen und konsistenten technischen Realisierung in Verbindung mit der Benutzbarkeit auf sehr unterschiedlichen Geräten wie Tablets oder Smartphones mit verschiedensten Bildschirmgrößen. Diese Art der Realisierung ist simpel, langjährig bewährt und für den Anwendungsfall angemessen.

Nicht alle Projekte sind **mit einem Smartphone nutzbar**. Die meisten Projekte sind über einen langen Zeitraum entstanden und wurden teilweise zu einer Zeit begonnen, in der die Smartphone-Nutzung noch nicht alltäglich war. In der Praxis werden sich Applikationen, die per Smartphone nutzbar sind, auch gut über Tablets mit etwas größeren Displays bedienen lassen. Diese eröffnen bei einigen Systemen neue Anwendungsmöglichkeiten, wie z.B. Kundenaufträge direkt vor Ort auf dem Display unterschreiben zu lassen.

Separate Desktop-Clients („Rich Clients") wurden hauptsächlich verwendet, als sich browserbasierte Benutzerschnittstellen noch nicht durchgesetzt hatten. Um sie portabel zu halten, basieren sie meist auf Java und erfordern die Installation einer entsprechenden Laufzeitumgebung. Optisch wirken sie häufig etwas aus der Zeit gefallen, auch wenn sie für geübte Anwender funktional sein mögen. Werden sowohl traditionelle Clients als auch eine webbasierte Benutzerschnittstelle angeboten, klingt dies zunächst nach einem „mehr" an Funktionalität, hat aber den Nachteil, dass Entwicklungsressourcen für die Pflege beider Varianten gebunden werden. Sofern eine browserbasierte Benutzerschnittstelle gut bedienbar ist, bieten zusätzliche eigenständige Clients keinen Vorteil.

Für den Einsatz in Deutschland ist es sinnvoll, dass die **GUI in Deutsch und Englisch** verfügbar ist. Umfang und Qualität der Übersetzungen unterscheiden sich zwischen den Projekten.

Manche Projekte machen es den Nutzern sehr einfach, die **GUI-Übersetzungen** zu verbessern, insbesondere wenn Online-Portale wie Transifex zum Einsatz kommen.

Je nach Anwendungsfall können **eigene lokale sprachliche Modifikationen des UI** sinnvoll sein, z.B. um branchenspezifische Begrifflichkeiten zu verwenden. Dies ist bei einigen Lösungen sehr einfach möglich.

ERP System	Web-basierter Zugriff: Programmiersprache, Frontend FW	Mit Smartphone nutzbar	Zusätzlicher Desktop-Client	GUI in DE und EN	Übersetzung durch Community möglich	Ersetzung von Begriffen im UI möglich
ADempiere	**Variante 1:** Java, Java Server Pages; **Variante 2:** JavaScript, vue/element-ui	nein	Java Swing	ja DE von 2015	Launchpad.net	nein
Apache OFBiz	Java Java Server Pages	nein	nein	ja DE: 74%	nein	nein
Axelor	JavaScript AngularJS 1 (veraltete Version!)	ja	nein	ja (dt. Beta)	nein	ja Übersetzungen in DB
BlueSeer	kein webbasierter Zugriff	nein	Java, Swing (es gibt NUR den Desktop-Client)	ja	nein	nein
Dolibarr	PHP kein Framework	ja	nein	ja	Transifex	ja, alle Übersetzungen lokal anpassbar
ERP5	Zope Page Templates (ZPT), basierend auf XML	Test nicht möglich	nein	ja	nein	nein
ERPNext	Python Jinja Templates, teilweise: JavaScript, Vue	ja	nein	ja	Translator Portal	lokales Übersetzungs-Tool
Flectra	JavaScript	ja	nein	ja	nein	bedingt
FrontAccounting	PHP kein Framework	nein	nein	ja, DE: 80%	Transifex	nein
iDempiere	Java ZK Framework	ja	Java Swing	ja DE: von 2013!	Launchpad (eingerichtet aber nicht genutzt)	nein
kivitendo	Perl+PHP kein Framework	nein	nein	ja	nein	nein
LedgerSMB	JavaScript Dojo Toolkit	nein	nein	ja DE: 88%	Transifex	nein
metasfresh	JavaScript React	ja	Java Swing	ja	nein pull request in GitHub	nein
Nuclos	JavaScript AngularJS 2	bedingt (horiz. Scrollen)	Java Swing	ja	nein	nein
Odoo Community Edition	JavaScript/Typescript FW Owl (Eigenentwicklung) + XML	ja	nein	ja	Transifex	ja (via PO file)
Tryton	JavaScript (XML Views aus Genshi Templates, gleiches Protokoll wie Desktop-Client)	ja	Python, GTK (XML Views aus Genshi	ja	Pull request vom Translation-Wizzard	Translation Wizzard

Tabelle 12 – Technische Daten zum Frontend

5.3 Modularität – Möglichkeiten zur strukturierten Erweiterung

ERP-Systeme umfassen sehr viele Funktionen und nicht jeder Nutzer benötigt alles. Es ist daher sinnvoll, die Funktionalität in Module aufzuteilen, die jeweils nur bei Bedarf zum Einsatz kommen. Vorteilhaft ist in diesem Zusammenhang eine offene, modulare Architektur, bei der auch externe Anbieter zusätzliche Funktionen über weitere Module beisteuern können. Dies setzt voraus, dass das System klar definierte Schnittstellen bietet, über die diese neuen Module auf bestehende Funktionen zurückgreifen oder diese sogar verändern können.

In der folgenden Tabelle 13 wird vergleichend dargestellt, ob und wie umfassend das Thema der Modularität von den einzelnen Lösungen berücksichtigt wird. Dazu werden die folgenden Kriterien verwendet:

In der ersten Tabellenspalte wird betrachtet, ob eine **modulare Architektur** realisiert wurde, bei der das Gesamtsystem aus Modulen aufgebaut ist bzw. sich über Module erweitern lässt. Je nach Projekt werden für die Module auch alternative Begriffe wie z.B. Apps, Plugins oder Extensions verwendet.

Die Erstellung weiterer Module kann nicht zuletzt durch einen integrierten **Module Builder** gefördert werden. Es handelt sich um eine Funktionalität, die meist auf Knopfdruck ein Grundgerüst für ein neues Modul erzeugt und es ermöglicht, dieses auf komfortable Weise mit den beabsichtigten Funktionen zu füllen. Dabei sind zwar Programmierkenntnisse erforderlich, aber die Einstiegshürde wird deutlich gesenkt.

Es ist wünschenswert, dass zusätzliche Module möglichst einfach und am besten im laufenden Betrieb **aus dem ERP-System heraus installierbar** sind. Das macht das Hinzufügen sehr simpel und es muss nicht auf Spezialisten zurückgegriffen werden, die aufwendige Konfigurationen erstellen oder Befehle auf einer Kommandozeile des Betriebssystems ausführen müssen.

Es ist zudem sinnvoll, an zentraler Stelle ein **Repository für Module** bereitzuhalten, also ein Verzeichnis, in dem verfügbare Zusatzmodule aufgelistet sind und für den einfachen Abruf bereitgehalten werden. Je nach Geschäftsmodell können diese kostenfrei oder kostenpflichtig sein.

ERP System	Modulare Architektur / Plugin-System	Module Builder zur einfachen Erstellung	Drittanbietermodule direkt aus ERP-System heraus	Store/ Repository für Module (kostenlos oder kostenpflichtig)
ADempiere	ja (Modules)	nein Tutorial	nein	nein
Apache OFBiz	ja (Plugins)	nein, aber Kommandozeilen-Befehl, Tutorial	nein	nein
Axelor	ja (Apps)	ja AppBuilder	nein	nein
BlueSeer	nein	nein	nein	nein
Dolibarr	ja (Modules)	ja (RAD-Tool and Wiki)	ja	ja
ERP5	ja (Biz-Templates)	nein Tutorial	ja	ja
ERPNext	ja (Apps)	nein, aber Kommandozeilen-Befehl,Tutorial	per Kommandozeile	ja (nur für Cloud-Version)
Flectra	ja	ja	ja	ja
FrontAccounting	ja (Extensions)	nein Tutorial	ja	ja
iDempiere	ja (Modules)	nein Tutorial	nein	nein
kivitendo	nein	nein	nein	nein, Liste kostenpfl. Module per Mail
LedgerSMB	nein	nein	nein	nein
metasfresh	ja	nein	nein	nein
Nuclos	ja (Nuclets)	nein	ja	ja
Odoo Community Edition	ja (Modules)	nein ("Studio" ist Teil der kommerziellen Enterprise-Version)	ja	ja
Tryton	ja (Modules)	nein, aber Kommandozeilen-Befehl	per Kommandozeile	nein

Tabelle 13 – Modularität und Verfügbarkeit von Erweiterungen

6 Entscheidungshilfe für die Auswahl der besten Lösung

Die bisherigen Kapitel haben die Vielfalt der Systeme mit ihren ganz unterschiedlichen Eigenschaften und technischen Realisierungen im Detail beleuchtet. Bei der Betrachtung der unterschiedlichen Eigenschaften wird auch klar: Unter den dargestellten Open Source ERP-Systemen gibt es nicht das eine System, das für alle Nutzer am besten geeignet ist. Jedes Projekt hat seine eigenen Stärken und Schwächen. Bei der Auswahl ist es daher wichtig, sich über die eigenen Anforderungen klar zu werden, um die für einen selbst beste Entscheidung zu treffen.

Dabei gilt es, sehr unterschiedliche Dimensionen zu berücksichtigen, die bei weitem nicht nur die konkreten Funktionen einer bestimmten Lösung betreffen. Bei der Auswahl sollten Kriterien aus allen drei betrachteten Analysekategorien herangezogen werden, um die beste Lösung mit langfristiger Perspektive zu finden.

Der Abgleich mit den eigenen Anforderungen ist dabei im Grunde völlig unabhängig davon, ob es sich um eine kommerzielle Closed Source-Lösung oder ein freies Open Source-Projekt handelt.

Anhand eines Beispiels wird das Vorgehen im nächsten Abschnitt noch einmal verdeutlicht. Im Anschluss findet sich ein Satz leerer Arbeitsblätter für den eigenen Auswahlprozess. Diese Arbeitsblätter stehen auch unter https://www.bloxera.com/erp-buch zum Download zur Verfügung.

6.1   Beispiel für einen Auswahlprozess

Das folgende Beispiel illustriert, wie sich das Kandidatenfeld möglicher ERP-Systeme durch individuell wichtige Auswahlkriterien eingrenzen lässt. Sollte kein System allen Kriterien entsprechen muss die Auswahl entsprechend gelockert werden.

Zunächst werden die wesentlichen Ausschlusskriterien festgelegt. Grundsätzlich kommen dafür alle Tabellenspalten der unterschiedlichen Analysen aus diesem Report in Betracht. Je nach Bedarf sollten alle drei Analysekategorien berücksichtigt werden.

6.1.1 Kriterien aus der Analysekategorie I

- ☐ Updates auf neue Releases werden offiziell unterstützt (Tabelle 3)_____

- ☐ Eigenes Hosting, daher einfache Installation gewünscht (Tabelle 5_____

- ☐ _____

6.1.2 Kriterien aus der Analysekategorie II

- ☐ Klassische ERP-Funktionen: Kunden-, Lieferanten-Management (Tabelle 7)__

- ☐ Integrierte Lösung für Support-Tickets/Helpdesk (Tabelle 8)_____

- ☐ _____

6.1.3 Kriterien aus der Analysekategorie III

- ☐ Applikation soll mit dem Smartphone bedienbar sein (Tabelle 12)_____

- ☐ _____

- ☐ _____

6.1.4 Auswahltabelle

Die Kriterien werden als Spaltenüberschriften in die folgende Tabelle 14 aufgenommen und die Werte der vorangegangenen Analyse eingetragen. Mit jeder Spalte entfallen weitere Systeme, die das jeweils aufgeführte Kriterium nicht erfüllen. Dieses Vorgehen wird wiederholt, bis nur eines oder wenige ERP-Systeme übrigbleiben. Diese Kandidaten sind dann intensiv auf alle individuellen Anforderungen im Detail zu überprüfen und auch im Betrieb durch die zukünftigen Nutzer zu testen.

Im Beispiel erfüllt das Projekt Dolibarr alle Kriterien. Basierend auf dieser Vorauswahl sollte im nächsten Schritt eine umfassende Evaluierung, auch anhand der Live Demo, erfolgen.

ERP System	Upgrade auf neue Releases	Einfache Installation (Installer oder Dateien entpacken)	Kunden, Lieferanten	Support-Tickets	Mit Smartphone nutzbar
ADempiere	ja	aufwendiger manueller Prozess, Script-basierte Konfiguration	ja	nein	nein
Apache OFBiz	ja	aufwendiger manueller Prozess, Konfiguration über XML-Dateien	ja	nein	nein
Axelor	nein	aufwendiger manueller Prozess, Konfiguration über Text-Datei	ja	ja	ja
BlueSeer	ja	Datei auf Rechner entpacken, UI-basierte Konfiguration	ja	nein	nein
Dolibarr	ja	Datei auf Server entpacken, UI-basierte Konfiguration	ja	ja	ja
ERP5	ja	Installer (Zeitaufwand für Compilieren: mehrere Stunden)	ja	nein	Test nicht möglich
ERPNext	ja	Entweder Container oder sehr aufwendige manuelle Installation mit veralteter Dokumentation	ja	ja	ja
Flectra	nein	Installer auf Server starten, Konfiguration über Text-Datei	ja	ja	ja
FrontAccounting	ja	Datei auf Server entpacken, UI-basierte Konfiguration	ja	nein	nein
iDempiere	ja	Installer auf dem Server entpacken, UI-basierte Konfiguration	ja	nein	ja
kivitendo	ja	Datei auf Server entpacken, Konfiguration über Text-Datei	ja	nein	nein
LedgerSMB	ja	Installation über Docker-Container oder aufwendiger manueller Prozess	ja	nein	nein
metasfresh	ja	Installation über Docker-Container mit Konfig über yml-Datei oder Installer für ältere Ubuntu Version	ja	nein	ja
Nuclos	ja	Installer auf dem Server starten, UI-basierte Konfiguration	ja	nein	bedingt (horiz.Scrollen)
Odoo Community Edition	nein	Datei auf Server entpacken, Konfiguration über Text-Datei	ja	nein	ja
Tryton	ja	Package für Tryton und jedes Modul installieren, Konfiguration über Text-Datei	ja	nein	ja

Tabelle 14 – Beispieltabelle für die Auswahl eines ERP-Systems

6.2 Eigene Auswahlentscheidung

Die folgenden leeren Arbeitsblätter können als Vorlagen für eine eigene Auswahl genutzt werden. Sie stehen auch unter https://www.bloxera.com/erp-buch zum **Download** bereit.

Es lohnt sich, mit unterschiedlichen Kriterien zu experimentieren, um ein Gefühl für die Auswirkung der Anforderungen auf die Zahl der verbleibenden Lösungen zu bekommen.

6.2.1 Kriterien aus der Analysekategorie I

☐ _____

☐ _____

☐ _____

6.2.2 Kriterien aus der Analysekategorie II

☐ _____

☐ _____

☐ _____

6.2.3 Kriterien aus der Analysekategorie III

☐ _____

☐ _____

☐ _____

6.2.4 Auswahltabelle

Die Kriterien dieser Seite werden in die Spalten der folgenden Tabelle 15 übernommen, um anschließend Spalte für Spalte Lösungen herauszufiltern.:

ERP System					
ADempiere					
Apache OFBiz					
Axelor					
BlueSeer					
Dolibarr					
ERP5					
ERPNext					
Flectra					
FrontAccounting					
iDempiere					
kivitendo					
LedgerSMB					
metasfresh					
Nuclos					
Odoo Community Edition					
Tryton					

Tabelle 15 – Leertabelle für den eigenen Auswahlprozess

6.3 Ein schneller Start für kleine Unternehmen

Sofern Sie für ein kleines Business nach einer geeigneten Software suchen, ohne dass Sie ein langwieriges ERP-Implementierungsprojekt daraus machen möchten, haben wir hier noch einige Hinweise zu ERP-Systemen, die sich für diesen Fall besonders anbieten.

Die beschriebenen Systeme sind als unkomplizierter Startpunkt für die üblichen Anwendungsfälle kleinerer Unternehmen gedacht. Je spezieller Ihre Anforderungen sind und je grösser das Unternehmen ist, das mit dem ERP-System gemanagt werden soll, desto individueller sollte der Auswahlprozess sein, um die jeweils beste Lösung zu finden.

Und egal, welches System eingesetzt wird, eine Rücksprache mit dem eigenen Steuerberater lohnt sich. Sie können so zum einen sicherzustellen, dass alle Anforderungen eingehalten werden, und zum anderen, dass die Einrichtung des Kontenplans und die Zuordnung der Geschäftsaktivitäten zu den korrekten Buchungskonten korrekt sind.

Unsere erste Empfehlung ist eine Lösung, die sowohl einfach zu installieren als auch einfach zu benutzen ist und gleichzeitig über eines der breitesten Spektren an Funktionalitäten verfügt: **Dolibarr ERP/CRM**. Es gibt sehr viele interessante Funktionen insbesondere auch rund um die Verwaltung von Projekten und die Abrechnung erfasster Zeiten, was für viele kleinere Dienstleistungsunternehmen nützlich ist.

Ein Manko ist derzeit das Fehlen eines Datev-Exports für den Steuerberater. Die Bloxera GmbH plant, hierfür in Zukunft eine Lösung bereitzustellen. Es gibt aber verschiedenste andere Exportmöglichkeiten für die erfassten Buchungssätze, so dass man diese grundsätzlich in eine andere Buchhaltungssoftware exportieren kann.

Für eine Entscheidung auch wichtig: Wählt man eines der kostenpflichtigen Cloud-SaaS-Angebote für Dolibarr, ist es später unkompliziert möglich, den Anbieter zu wechseln, da sich die Daten sehr einfach von einem Dolibarr-System auf ein anderes übertragen lassen. Man vermeidet so von vornherein einen Lock-In.

Sind die Erfüllung spezifisch deutscher Anforderungen und insbesondere der Datev-Export besonders wichtig, kann sich ein Blick auf **kivitendo** lohnen. Der Funktionsumfang ist aber im Vergleich erheblich geringer, denn es werden nur die klassischen ERP-Funktionen abgedeckt. Die Benutzerschnittstelle wirkt nicht besonders modern und ist auch nicht über ein Smartphone bedienbar.

Für kivitendo gibt es kein per Knopfdruck verfügbares, niedrigpreisiges Cloud-Angebot. Wer das System nicht selbst installieren und hosten möchte, kann bei der kivitendo GmbH ein Hosting beauftragen, das einen individuell eingerichteten Server umfasst.

Ein weiteres, aufgrund seines breiten Funktionsumfanges interessantes Open Source ERP-System ist **ERPNext**, das seinen Ursprung in Indien hat. Die Standardkonfiguration erfordert einige Anpassungen. Das System bietet hierfür sehr umfangreiche Möglichkeiten, entsprechende Konfigurationen per GUI vorzunehmen.

Die Installation auf einem eigenen System ist technisch nicht trivial. Das hinter ERPNext stehende Unternehmen Frappe forciert sein Cloud-Angebot Frappecloud als eine kostengünstige Alternative zu einem Hosting in Eigenverantwortung. Das Preismodell ist sehr ungewöhnlich: je nach gewähltem Tarif steht täglich eine bestimmte CPU-Rechenzeit (nicht Nutzungszeit!) des Cloud-Servers zur Verfügung. Ist diese durch die Aktivitäten des Nutzers aufgebraucht, steht das System still und kann erst am Folgetag wieder verwendet werden. Ein Wechsel in einen teureren Tarif mit mehr CPU-Rechenzeit ist aber jederzeit möglich und die Nutzung kann danach sofort fortgesetzt werden.

6.4 Fazit zur Auswahl eines eigenen ERP-Systems

Die Auswahl an Open Source ERP-Systemen ist auf den ersten Blick schwierig, da es Aufwand erfordert, einen Überblick über den aktuellen Stand zu bekommen. Durch diesen Report kann aber die kleinteilige Recherchearbeit entfallen, die bisher notwendig war, um überhaupt alle bestehenden Open Source Projekte sinnvoll in die Auswahl einzubeziehen. Ein umfassender und aktueller Marktüberblick bietet so den Ausgangspunkt für eine effiziente und dennoch detaillierte Analyse der Open Source ERP-Lösungen nach unterschiedlichsten Kriterien.

Durch die Gliederung in drei Kategorien, die die ERP-Systeme aus gänzlich unterschiedlicher Perspektive beleuchten, wird es ermöglicht, systematisch auch Aspekte zu berücksichtigen, die sich nicht rein auf das Vorhandensein oder Fehlen bestimmter Funktionen beschränken. Die Eigenschaften der ERP-Lösungen können auf diese Weise viel besser gegen die Erwartungen und Bedürfnisse der Nutzer gespiegelt werden.

Im Rahmen des Auswahlprozesses muss abgewogen werden, wie intensiv und langwierig die theoretische Untersuchung und Planung zu betreiben ist. Bei lizenzkostenfreien Open Source Lösungen besteht der große Vorteil, dass sie völlig unverbindlich und uneingeschränkt ausprobiert und getestet werden können.

Sobald sich der Kandidatenkreis an geeigneten Lösungen auf einige wenige reduziert hat, lohnt es sich, die Lösungen im Rahmen einer Testnutzung zu erproben. So ist es viel leichter, sich einen realistischen Eindruck von Bedienkonzepten und Workflows zu verschaffen als dies eine Beschreibung von Kriterien kann. Und letztlich muss sich zeigen, ob sich ein gutes Gefühl im Umgang mit der Anwendung entwickelt. Eine Lösung, deren Bedienung auch nach einer Einarbeitung rätselhaft und komplex erscheint, wird sich nicht erfolgreich einsetzen lassen.

Wer plant, selbst Hand anzulegen und die Applikation an die eigenen Bedürfnisse anzupassen, kann durch eigene Anschauung schnell feststellen, wie aufwändig es wird, sich in den vorhandenen Source Code einzuarbeiten. Dies ist ein Bereich, in dem die Unterschiede zwischen den verschiedenen Lösungen groß sind. Es hängt dabei auch viel von bestehenden Vorerfahrungen mit bestimmten Technologien und Programmiersprachen ab, inwieweit eine Lösung zugänglich wirkt oder nicht.

Die Nutzung von Business-Software wie ERP-Systeme zum Managen der Abläufe eines Unternehmens ist grundsätzlich eine sinnvolle Maßnahme, um langfristig effizient zu bleiben. Sich dabei selbst ein detailliertes Bild zu verschaffen, wie dies bei der Auswahl einer Open Source Lösung notwendig ist, scheint zunächst aufwändiger, als sich auf die Werbeaussagen von Anbietern zu verlassen. Es führt aber zu Entscheidungen, die dem Unternehmen über einen langen Zeitraum zugutekommen. Und wer eine Applikation bereits im Auswahlprozess intensiv kennengelernt hat, spart zudem Zeit bei der späteren Einarbeitung.

Es sollte auch nicht übersehen werden, dass bei Open Source Projekten in der Regel eine aktive Community aus Nutzern und Entwicklern vorhanden ist. Es lohnt sich, in dieser Community mitzuwirken, da sich in der Praxis auftretende Probleme oft unkompliziert durch passende Tipps und Hinweise lösen lassen. Und letztlich besteht die Chance, auch eigene Anregungen und ggf. Entwicklungsbeiträge einfließen zu lassen, um das System noch besser werden zu lassen.

www.ingramcontent.com/pod-product-compliance
Lightning Source LLC
LaVergne TN
LVHW081346050326
832903LV00024B/1344